Time thief

Hey Woman | Time Management Tips For The Office

女人上班這檔事

別讓鳥事偷走了自己的時間

張麗君——著

導讀——

這是一本寫給女人的時間管理書，它告訴天下的女孩子，只不過因為不會安排自己時間，而讓自己的生活一團糟，現在，它要教妳翻身成為真正掌握自己時間、掌握自己生命的幸福女人。

書裡細數女人的任性、迷糊、拖拉等等缺點，貼著女人的性子，順著女人的思想，一條一條地梳理整頓，讓人明白時間不是那樣用的，生命不是那樣過的。它告訴讀者的每個故事，都能讓人尋到自己的影子，無法反駁，忍不住反思自己。本書的每個篇章的最後面都會告訴妳幾個掌握時間的秘訣，學習之後妳將會得到身為女人所有應得的成就。

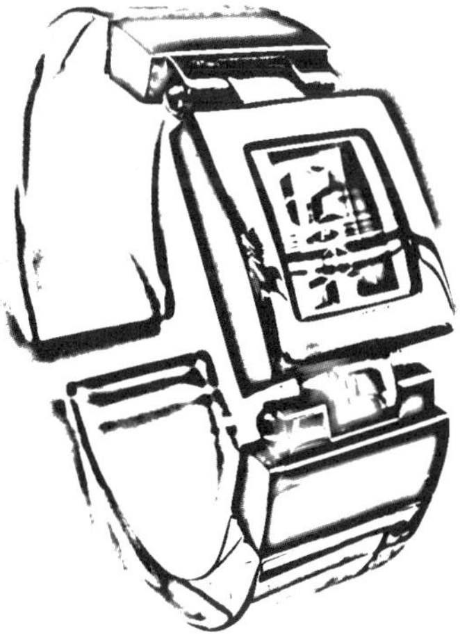

前言——

自己已是如此地珍惜時間，怎麼時間還是不夠用呢？

為什麼忙碌了這麼久，還有那麼多做不完的事情？

天哪，鏡子裡的「黃臉婆」還是那時候的我嗎？

為什麼她依然那麼地漂亮和悠閒，活得像公主一樣美麗、有品味？而自己儼然像個大媽了？

是什麼偷走了自己的時間，讓自己掙扎在「窮忙族」的行列？

……

她年過半百了，才開始在昏暗的小房子裡後悔著不該虛度光陰，到如今成了孤單、寂寞、一事無成的小老太太；

埋首工作的她，在抬頭望見鏡子中頂著黑眼圈憔悴的自己時，才深感後悔，深覺辜負了青春這段美麗的時光；

淪落為家庭主婦的她，每天面對著無休無止的家務和不修邊幅的自己時，才感嘆時間的無奈和自己的辛酸；

……

那麼，到底是什麼導致了女人今天的這一切？

總有人這麼想：

今天，不就是短短的一天嗎？區區二十四小時，一年的三百六十五分之一，我先休息一下，從明天開始奮鬥好了；一分鐘，只是一分鐘的事情，沒必要那麼計較、認真；沒關係，還有時間，我還這麼年輕，以後的事情以後再做打算。

日月匆匆，到了明天，明天又變成了今天，而每個今天之後都有無窮無盡的明天，可是自己的決心、自己的理想呢？什麼時候才能變成現實呢？

再讓我們來看看其他一些人吧！同樣是奔波於工作和家庭之間，可是她們沒有憔悴的神情、邋遢的裝束，永遠那麼漂亮、時尚；她們沒有加不完的班，做不完的事，總是可以那麼輕鬆悠閒地和朋友喝著咖啡，探討著人生；她們沒有病怏怏的身體和萎靡不振的面貌，總是那麼容光煥發、神采奕奕地忙碌在自己的天地裡。

是什麼導致了妳和她們的區別？同樣每天都是擁有二十四小時，她們為什麼就活得比妳輕鬆、幸福？

答案只有一個——妳辜負了時間！

這個世界沒有什麼比時間更公平了，妳擁有的不會比別人少，也不可能比別人多，但是妳卻不如別人那樣會利用時間、享受時間，不過是在繁忙的現實生活中浪費著時間、辜負著時間，讓自己深陷在無休無止的窮忙當中，而無法自拔。

那麼，親愛的妳該如何讓自己走出這樣不堪的生活呢？

別擔心，請拿起這本書吧！她會溫暖地告訴妳，女人該如何管理好時間，讓

自己幸福！

本書不僅詳細分析了當代女人的現狀，列舉了真實典型的例子給予讀者警醒，還給出了具體、有效、實用的方法，來幫助讀者珍惜時間、享受時間。

還猶豫什麼呢？想要成為美麗、魅力、幸福的女人，就趕緊把本書放入自己的書架，讓它成功指引出妳的美麗人生吧！

祝福所有的女人，擁有自己真正的幸福！

目次

《第一章》

忙對了事，人生才幸福 **009**
魔錶，魔錶，我的時間錯在哪裡？ 010
是離開還是留下？這是個大問題 014
羅列不等於實踐，實踐不等於實現 018
凡是講求重要，不求重量 022
把一顆心交給一件事 026
搞清楚妳到底在為誰忙？ 030

《第二章》

越懶越不要說「No」 **035**
懶著，懶著，一輩子就過去了 036
我有三分鐘永遠走在別人前頭 040
「不舒服」搬空妳的時間儲備 044
做好「乘除勤懶」這道題 048
別拿大目標把自己嚇懶了 052
有想法就行動，別讓負面情緒捆住妳 056

《第三章》

女人的時間不是用來老死的 **061**
這輩子妳只有一個「今天」 062
摸清辦公室「三大」時間竊賊 066
不要為碎掉的瓦罐哭泣 071
關牢妳身體內的吸血鬼 075
完美主義是浪費時間的美麗外衣 079
幸福女人要「能掐會算」 083

《第四章》

改變思路，才能改變命運 **087**
自我暗示：自信是拴住時間的繩子 088
自我拔高：永遠與高效率者做朋友 092
改變思路：時間可以切割 096
每日坐擁百小時：索取、購買別人時間 100
化零為整：把別人忽略的零碎利用起來 104
斬草除根：將每一個問題解決乾淨 108
減免衝動：它是埋葬妳時間的魔鬼 112

《第五章》

凡「事」有先後 **117**
「三色管理」管出人生好色彩 118
一次性做好同類事情 122
統籌，贏取工作狀態的「MY TIME」 126
「兩分鐘」優先原則優在哪裡？ 130

給需要做的事情「判刑」 134
所有事物都有一個永久歸屬 138

《第六章》

有念頭，才有起跑點 143
上班前幾個小時叫醒妳的興奮細胞 144
手機、手掌、電腦都是妳的記事本 147
要把等人變成一項技術 150
出差中廣建人脈網 153
把一趟旅行當成一堂重要的人生課 156
慢一點是為了更快一點 160

《第七章》

我的時間我做主 163
懂得放下，才能收穫更多 164
要居家就做「日本太太」 167
「暗箱操作」，利用好家庭成員 170
從「萬能太太」中解放出來 174
享受時間，享受慵懶 178
健康運動，運來幸福好時光 182

《第八章》

看得清，分得清，才能做得清 185
是「害怕」在吞噬妳的寶貴時間 186
和「無所謂」說「再見」 189
瞎聊著、瞎聊著人生也就跟著「瞎」了 192
「交際花」的代價是時間 195
別讓凌亂的檔案壓倒自己 198

《第九章》

耗著時間的脈搏奔財富 203
謹防白日夢成為「噩夢」 204
有一種「時間病」叫做清閒 207
果斷的人生才是高品質的人生 211
自我膨脹，膨脹不了妳的時間 214
精神的清高是時間的補養劑 217

第一章

忙對了事，人生才幸福

◎停下來仔細想想，妳的每一天是按照嚴格的時間表有序行進，還是不管什麼時間不時間，隨心所欲地無序前行？

◎面對毫無發展前途的工作，即便手頭吃緊，也要當機立斷，選擇放棄。這樣的選擇也許讓妳一時窘迫，但能為妳換來一個美好的未來。

◎做每一件事情要專心致志，心裡別再惦記著其他的事情，事情要一件一件、有品質、有速度地去完成，這樣才不枉費那段辛苦的過程。

魔錶，魔錶，我的時間錯在哪裡？

有人曾調侃，清晨是美女展姿的大秀場，夜晚是恐龍出沒的大夜場。仔細研讀這句話，是不是對女人清晨、夜晚兩個模樣的最佳寫照？

瞧瞧妳周邊包括妳在內的那些女人吧！一早起來，花大筆時間對自己精雕細琢，大到一件衣服的選擇，小到一根頭髮的打理，無不做到萬無一失，光鮮到極致。

就個人的拾掇，女人從不怕花費時間的。

所以，在清晨的微風裡，妳看到的女人個個鮮豔到了極致。

然而，對這漫長的對鏡貼花黃，她們卻也要付出代價——以遲到的姿勢奔進公司，慌慌張張地準備開會資料，或者毫無頭緒地抓起一件工作忙碌起來，成堆的工作量預示著她們將不得不減免喝咖啡、與同事聊聊的悠閒，一頭栽進這繁忙的一天中。

好不容易迎來了下班時間，渾身疲憊，自己整個人就像陀螺一樣轉啊轉，卻還是有好幾件工作沒有做完。此時此刻，因爲缺乏活動，身上的衣服早已皺成了一團，加之長時間接收了電腦的輻射，休息的欠缺，工作效率的低下，她們個個早已變得灰頭土臉，倦容滿面。

行走在夜風裡，猶如秋日凋零的殘葉，早已盡失了風姿和魅惑。當女人的容貌早晚形成巨大反差時，一個問題也就擺在了她們面前——到底是什麼奪走了女人原本從早到晚持續的美麗和魅力？

是因爲工作太多？生活壓力大？個人能力有限？

其實都不是，原因只有一個，妳的時間錯了！

現在就停下來，仔細想想吧，妳的每一天是按照嚴格的時間表有序行進，還是不管什麼時間不時間隨心所欲地無序前行？如果是後者，活該妳淪落成窮忙一族、夜幕下的恐龍一族，週而復始活在毫無成就、疲憊不堪、沮喪失敗的情緒裡。

記得有這樣一位女孩，她總是早出晚歸，勤勤懇懇。有人說，有多少付出就有多少回報，所以我相信憑藉著勤奮，她一定會擁有幸福的人生。可是，跟她相鄰而居幾年下來，她卻過得相當窘困，甚至有時因爲繳不起房租不得不跟我借錢。

一開始，我想她是不是因爲沒有學歷做著藍領的工作，以致薪水低而入不敷出。可是跟她聊過後，我才知道，她大學本科畢業，在一家上市公司工作，每個月的薪水也有三萬多。

如此我就想不通了，詢問她是不是理財工作沒有做好。她苦笑著說道，其實，三萬多的薪水我每個月只能拿到一萬多。

原來他們公司是按照工作量發放薪水的，她因爲經常遲到，加上工作量總難完成，於是總被公司扣除大筆的薪酬。我很疑惑她們的公司是不是給她安排了太多工作，以致於超過負荷讓其難以負擔。

可是她告訴我，公司裡很多人都做著跟她一樣的工作。這下我明白了，同等的時間，她與那些

高薪酬的同事完成工作的效率大相徑庭。她能力不差，唯一的問題就出在她的時間規劃不合理。

她每天早上七點起床，至少要花費一個小時對自己細心打扮，這常常導致她上班遲到。到了公司，她來不及思考一下一整天的工作，只是找出一件看似急需處理的工作就忙碌起來。因爲不曾給這件工作一個完成期限，於是一上午她都可能在忙這件事情。

等到下午時，因爲大腦工作效率不高，也就處理不了幾件事。所以，每每下班時，她就很糾結，自己一整天動都沒動，但還是有很多工作沒有處理完。甚至臨下班了，因爲規劃不合理，未能完成當天要交的工作遭遇老闆的狠K，鬱悶難當，於是就想著早點下班，早點從工作中解脫。

一種厭倦感和無成就感，導致回家後根本無心計畫第二天的工作。業餘的大把時間只是用來看無聊的肥皂劇、發呆、睡覺，或者泡到酒吧、夜店裡醉生夢死。

第二天再繼續頭一天的生活，如此週而復始。

這可不是個案喔，80％的女人的時間常常就是這麼打發的，妳不得不承認她們很忙，可是忙得沒有成效；妳不得不承認她們很有能力，可是換不來優質的生活和健康的未來。

妳是否也一樣呢？如果妳正處在沒有時間、時間不夠，或者工作無法完成的糟糕境況中，那麼停下來，好好問問妳的錶吧！妳的時間到底錯在了哪裡？

擬定一個時間規劃表

要想做幸福、生活充實、工作順利的女人，妳第一步要做的就是擬定一個時間規劃表。這可不是老生常談的事喔！

一、利用晚上休息的半個小時，想想明天妳要做什麼，將這些事情寫在記事本上，貼在隨處可見的地方；

二、如果妳一天要完成三件事情，那麼給每一件事情安排一個期限，從重要到次要排列，然後按照規劃嚴格執行；

三、妳的所有時間都不能用來做這三件事，而是留出一、兩個小時做為處理當天緊急加進來的工作所用；

四、每天不要給自己安排太多工作，要量力而為，要不然很容易出現因為當日工作無法完成影響情緒的情況；

五、工作雖然講求一氣呵成，但也要注意休息，畢竟適當的休息才能讓妳的工作效率更高喔！可以趁沖杯咖啡，或者去洗手間的時候，給自己五至十分鐘的休息時間。

是離開還是留下？這是個大問題

雞肋這種東西，歷史上曹操體會頗深，評道「食之無味，棄之可惜」，今天妳是否也在為手中的這塊「雞肋」猶豫不決呢？

現實中，常常聽到一些美女們抱怨自己不喜歡這份工作，可是又捨不得這份薪水，或是很喜歡這份工作，可是又不滿意那少得可憐的薪水。畢竟現實殘酷，職位與薪水完美結合的情況是少之又少，能遇到的話，恭喜妳，妳是命運之神眷顧的寵兒。

可是現實中，有幾人擁有這樣的幸運？

看看現實中的那些女人吧！一睜眼馬上就要面對自己不喜歡的工作，或對自己發展沒有幫助的事情，這些讓人厭倦的工作，除了耗盡大把的時間外，無法對自己的生活、人生起到改觀的作用。這大概就是很多女人十年如一日的奮鬥，年過三十，狀況卻跟剛跨出校門毫無二致的原因所在。

抑或，妳正幸運地從事著自己喜歡的工作，但是薪水卻遠遠不夠養活自己，自己的生活朝不保夕，不僅如此，公司事情還特別多，雜七雜八的事都要妳去做，妳的時間就這樣被殘忍地佔據著，妳根本沒有時間停下來，享受一下生活，享受一下閒散，享受一個風姿卓越的女人該享受的一切。

怎麼辦？捨棄嗎？糾結的內心肯定讓妳無法定奪——雖然這份工作沒意義，但是要生活、要美麗、要養家糊口，能離得開那份薪水嗎？薪水是低了點，但好歹自己喜歡，這年頭能遇上自己喜歡

的工作是多麼地不容易！

左矛盾，右也矛盾，於是自己的生活就被這塊雞肋活活地卡住了。心裡有了想法，對工作難免就心猿意馬起來，結果更糟糕，身心都陷入了一種疲憊煩躁的不堪境地。

如果我們無法當機立斷，是要重新選擇，還是繼續消磨，那麼這種糾結何止是一天，可能是三天、一個月、一年，甚至一輩子啊！

女人啊！要對自己的一生負責，怎麼能允許自己這樣渾渾噩噩地過日子呢？妳應該停下來好好想想，做個抉擇，利用好自己的時間。如果妳還在爲「雞肋」猶豫，妳活該忙忙碌碌地浪費時間卻一生碌碌無爲。

有一位同學的妹妹跟我同住一棟樓，這位看起來還算漂亮的女子，每天過得總是那麼匆忙，早出晚歸，想見她一面還得提前預約。一次好不容易碰到她了，問她最近忙什麼，她笑笑說工作的事情，之後她就開始對我大倒她的苦水。

她老家在鄉下，考到臺北的大學，畢業以後好不容易在這裡找到了和專業相符且自己也喜歡的工作，但是薪水太低，勉強能夠維持基本生活。

她說她已經好久沒給自己買過衣服，也好久沒給家裡寄錢了。有的時候要參加聚會，只好找自己的好姐妹借一件像樣點的衣服。而且工作非常忙，佔用了她大量的時間，甚至有時她連吃午飯的時間都沒有，每天下班一回到公寓，就累得不想動彈。

我對她說，既然這麼辛苦而薪水又低，就換個工作算了。她苦笑了一下，其實每次面對自己窮迫的生活時，她何嘗沒有這個想法，只是有些東西她難以割捨。

她是一個非常有事業心的女孩，一直渴望能夠成就一番大事業，但是出身貧寒的她沒有資金，沒有社會關係，也就沒有自己的事業基礎，一切都得靠她自己去打拚。她非常清楚自己的能力和興趣所在，所以才找了眼前的這份工作。確實，這份工作可以帶給她經驗，做得好的話，也有很好的升職空間。

但是，這期間的忙碌和清貧已經讓她有點力不從心了，有時她甚至覺得自己這是在浪費時間，心裡也一直揮不去想要辭職跳槽的念頭。而每次這樣的念頭一出現，就會影響到眼前的工作，使原本半個小時就能完成的事情，往往需要更多時間。因爲心思在跳槽和繼續容忍忙碌和貧窮中游離，也或多或少分散了她專心工作的注意力，使得她做出很多工作卻收效甚微。

她非常清楚這樣的猶豫不過是在浪費自己寶貴的時間，青春易逝，如果再不做出一個抉擇，隨著青春的流逝，她的人生也要流逝殆盡。

但一旦面對決定，她又開始猶豫了！

問問妳自己，有沒有像她那樣動過辭職的念頭？有沒有覺得自己的時間正在被眼前看似繁忙其實很空洞的工作浪費著？試問，到底該做怎樣的決定來好好地支配自己的時間呢？

權衡利弊，做一個果斷的女人

要想對自己的時間、人生負責，就要痛下決心，做出一個選擇，這樣才不會在左右搖擺中，浪費時間浪費精力。

一、要認清自己的現實，知道自己的興趣、理想和目標是什麼。面對毫無發展前途的工作，即便手頭吃緊，也要當機立斷，選擇放棄，因為這樣的選擇雖然會讓妳一時窘迫，但能為妳換來一個美好的未來。

如果這份工作薪水低，但對妳未來的發展有幫助，那就努力做好它，努力提升自己的工作技能和經驗，做個專注、務實、上進的人，一點點改變自己的未來；

二、決定好了，就義無反顧地去實現，不要再有其他什麼想法，只要做好自己決定的事情就好了，青春有限，無論是賭一把還是踏踏實實去努力，結果肯定不會像以前那樣令妳痛苦掙扎；

三、在工作中要安排好時間，請記住，會統籌時間的人才會讓自己能力發揮最大，有效地運用時間，提高自己的工作效率，並多擠出點時間來關注自己喜歡的事情；

四、多和人交流，從別人那裡汲取經驗，不僅節約自己的時間，同時也可以獲得啓發，避免自己走彎路。

羅列不等於實踐，實踐不等於實現

是不是已經羅列出了長長一串事項清單，或者已經把這三天、五天、一個星期甚至一年內該做的事情，都詳詳細細地羅列好了？於是，覺得這樣足夠應付以後忙亂的日子，可以高枕無憂了，眞的是這樣的嗎？

女人不容易，除了工作還有家庭需要操心，需要清洗的床單被套、需要打蠟的地板、孩子的疾病疫苗……等，每日每時總有沒完沒了的事情需要妳去解決。於是，妳開始給自己列清單，把這些事詳詳細細地列在了上面，總以爲寫下了便可以有條不紊地處理，萬事大吉，一廂情願地相信自己可以輕鬆地應對生活。

然而，往往事與願違，明明羅列下來要做的事情，還高高掛在那張紙上，並沒有爲之付諸行動，即使付諸行動了，不過是三天打漁兩天晒網。

但是，讓妳抓狂的是，當妳還在籌畫擠時間完成清單名目時，生活中又有其他事情等著妳去忙碌了，於是，妳又開始羅列，羅列了又實現不了，於是，妳深陷這種惡性循環中，讓自己每天手忙腳亂，忙裡忙外，一塌糊塗。

看看身邊那些忙忙碌碌像陀螺般轉個不停的女人吧！每天拿著自己羅列的單子，有很多事情等著做，感覺自己的時間被佔據得滿滿的，甚至懷疑自己這一、兩天內能做完嗎？既然做不完，那就

算了吧！能做幾件就是幾件。於是沒有給自己太多的期限，隨隨便便應付一下，就算是自己給清單的一個交代。

還有些女人，列清單並不是說她自己想多麼勇敢地去完成這些事，不過是爲了炫耀自己有多忙碌，假借著這份忙，爲自己虛度時光找個冠冕堂皇的藉口，至於事情完成得怎麼樣、有何效果，她們才沒有心思去理會。

女人啊，這又何必？爲什麼不清晰明瞭地去規劃自己的人生，讓自己活得眞正充實、輕鬆、快活呢？

我們常常聽一位同事在抱怨自己太忙，時間不夠用。她每次都會把自己要做的事情規規矩矩、仔仔細細地列在一個本子上，並且照著那個清單，死板、按部就班地開始一天的生活。

可是，一天下來，本子上的事情卻有一大半沒有完成，於是她又很仔細地把這些事認眞地安排在了第二天，這樣日復一日地累積著，很多當天該做完做好的事沒做好，還影響到了第二天要完成的工作。

明天是週末，她心想假日不用上班，就有時間可以把這個星期自己沒做完的事好好補回來。當天晚上便在自己的本子上列好了明天要做的事情。

第二天，她起個大早，開始清洗這一星期積攢下來的衣服，但後來她發現屋子太亂，萬一有朋友來拜訪會很丟臉，於是將洗衣機設在浸泡狀態，開始收拾屋子。等收拾完屋子想要洗衣服的時

候，很不湊巧停水了，她想那就等等吧！於是打開電視看了起來。電視看到一半，她突然想起來，今天要去還書的，便又匆匆忙忙地出去了，到了圖書館才發現自己漏帶了一本書。去圖書館回來後，她拿起自己的記事本看了看，才記起自己今天還要趕一個企劃案，便打開電腦，查了半個小時的資料後，水龍頭突然傳來嘩嘩的水聲，她又趕緊放下手上的事，轉而去洗衣服了。衣服洗完，一個早上的時間便過去了。這時，肚子餓得咕咕叫了，吃過午飯，她想讓自己先休息休息一下，反正今天要做的事情都寫在本子上了，不會跑掉的。沒想到一躺下就不願醒來了，等到她自然醒時，時鐘已指向下午四點。她又著急的開始忙碌那個企劃案。

當企劃案搞定的時候，已經到了晚上。她疲憊不堪，打開電視，坐在沙發上決定一動不動，然後再洗洗上床睡覺。結果這一天下來，原本打算給地板打蠟的，沒做；原本要給朋友回覆E-mail的，也沒回；更糟糕的是約好見面的客戶，不得不推掉，下個星期還得跑一次圖書館……

像這樣的狀況，相信很多人都遇到過，也許很多人正深陷其中苦不堪言。確實，每天都要被這些事情煩惱著，感覺自己從沒有享受過清閒，連原本該休息該悠閒的週末，都無法逃脫忙碌的命運，每天活得非常的疲憊和無趣。

為什麼會這樣呢？是自己的毅力太差？是自己的效率太低？是自己懶惰了？……其實都不是，那到底該怎麼運用時間來做好身邊的事情呢？

羅列清單的祕訣

要想擺脫糊裡糊塗忙亂不堪的生活，讓自己的生活有條不紊、從從容容，妳就要安排好每一天的時間和每一件事情。

一、要統籌這一天的時間，從實際面出發，大概估算這一天時間裡自己能完成幾件事情，不要因為貪多，忽視自己的能力和時間的限制，而給自己安排很多事情；

二、有技巧地列清單，把一些比較重要的事情先放在前面，比較不重要的放在後面，可做可不做的則放在最後，有時間就做，沒時間就算了；

三、認真地按著清單從頭開始實施，如果實施的過程遇到什麼突發情況，要會靈活調整。比如妳在洗衣服，洗著洗著突然停水了，妳就可以停下來去做其他的事情。當妳做好其他事情的時候，說不定水就來了；

四、清單上標示做每一件事情所需要的時間，這樣可以隨時地提醒自己，不會縱容自己的懶散。

五、如果有可能可以「一心二用」地利用時間，比如洗衣機在轉的時候，妳可以抽空打掃屋子，甚至去寫郵件。很多事情其實可以一起來，就看妳怎麼統籌規劃了。當然，前提是兩件事情都不能馬虎喔！

凡是講求重要，不求重量

人都是很貪心的動物，總是妄想著能在最短的時間內做最多的事情。殊不知還有這樣的一句話「貪多嚼不爛」，而嚼不爛的後果則是會噎著自己。

看看現實中這些女人吧！什麼事情都想做，一度以為多的、滿的、豐盛的、溢出的才是美的，結果眉毛鬍子一把抓的同時，什麼事情都做不好，很多時候不過是像猴子一樣揀了芝麻丟了西瓜。

時代變化快，生活水準的提高也不自覺地加快了人們的生活節奏和攀比心理。憑什麼她年輕輕的就可以擁有那麼大的成就？憑什麼她辦事效率那麼高？憑什麼她什麼都可以擁有？……把自己與別人相比，大感自己年華的流逝和無所作為。

於是開始恐慌，開始緊迫，開始想用最少的時間來做最多的事情，以彌補自己和別人的差距，給自己一個看似美滿、富裕的生活。然而，這樣真的可以讓自己變得富足嗎？真的就是在高效地利用自己寶貴的時間嗎？

有個故事：瓶中有果，兒伸手入瓶，取之滿握，拳不能出，手痛心急大哭，母曰：「汝勿貪多，拳可出矣。」而那些做事只求數量拼命貪多的女人，不過是像故事中的小孩，被夾在生活的瓶頸裡動彈不得，空耗損著自己寶貴的時間——做了很多事情，但是沒有一件是有意義的；什麼都想做，結果最重要的卻沒時間做或沒做好，本末倒置；一直逼著自己做很多事情，得不到休息和調

整，反而效率低下……

親愛的，爲什麼不讓自己先停下來，好好思考思考自己如此「奮鬥」的意義何在？爲什麼不想想自己爲什麼總是陷入這樣忙卻無效果的境地？是自己不夠努力？是自己能力不夠？還是自己太貪心？是的，是妳貪心了，妳的貪心只是讓妳從事著一些毫無意義的事情，白白地浪費自己寶貴的時間。

我見過一個最忙碌的女人，從早上一睜眼到晚上躺到床上的這段時間裡，她都沒閒過，整個人像一個超速的齒輪飛快地轉動著，甚至連週末也如此。她沒有逛街的時間，不會給自己放假去旅行，不會花一天的時間只是坐著喝喝咖啡享受陽光……我常常感嘆她的超人精力，覺得她不像個女人，更像是一部永不疲倦的機器。

然而，一年過去了，她的生活如故，並沒有因爲她瘋狂的忙碌有所改善，不僅如此一年下來反而使她有點沮喪、疲憊。

一次和她閒聊起來，才知道她的狼狽。她是一個很好強的女人，總想比別人富有、快樂、高效。她有一個能力超強的同事，工作上的事情總能很快就搞定，不僅如此，還有很多閒暇時間來處理公司其他事務，深得老闆的賞識。她有點嫉妒這個同事，覺得她也可以做到。

於是就開始給自己列了除工作外很多不是她分內的事情，比如整理公司的材料室，幫經理撰寫發言稿，列印資料……並且給自己定死了時間，這一切都要在下班前完成。於是，當其他同事在

餐廳悠閒地享受著午飯時，她拿著麵包在列印室裡奮鬥；當其他同事忙完手上的工作開始閒聊時，她埋頭自己的辦公桌，整理資料；當其他同事如卸重負地下班時，她才猛地發現自己光顧忙其他事情，手頭上重要的工作還沒完成……

她說她很累，有時候她也搞不懂自己這樣是爲了什麼。也總是對自己說，別那麼貪心了，安安心心先做好重要的事情吧！但是到那時候她還是忍不住想眉毛鬍子一把抓，什麼事情都想做，都想漂亮地完成。

貪多是人的本性，但是做事貪多確確實實也在浪費妳的時間，讓妳陷入一種「窮忙」的狀態，浪費時間、耗損精力不說，還沒什麼意義。

女人要學會合理地安排自己的時間，把寶貴的時間花在最重要、最有意義的事情上，而不去顧及那些沒有意義的小事，這樣不僅節約了時間，更是爲妳自己的生活增添了一份活力和輕鬆。

不看數量看品質

做事要以重要的事為主，寧可花時間在重要的事情上，千萬不可為了多做幾件事，把時間浪費在無關緊要的事情上。

一、要克服自己貪多的毛病。飯要一口一口吃，事要一件一件做，不要盲目地去和別人比較，給自己壓力；

二、明白什麼事情對自己最重要，無論什麼情況下，最重要的事情都要放在前面，要先做。這件事情保質保量地完成了，妳再考慮其他的事情；

三、做每一件事情都要專心致志，心裡別再惦記著其他的事情，事情要一件一件、有品質有速度地去完成，這樣才不枉費那段辛苦的過程；

四、要懂得捨棄。有些事情自己沒時間或者將會浪費自己極大的時間，而對自己又沒有什麼實質意義時，就要考慮把這件事刷掉，這樣會為自己節省很多時間。

把一顆心交給一件事

有人說，人最珍貴的特長不是美麗動人的外表，也不是有掙錢的能力，而是能專心致志地去做一件事。然而現實中，又有幾人有這樣的覺悟，又有幾人有這樣的行動呢？

我們明明正在忙手頭上的這件事情，心裡卻在記掛著其他的事情，男朋友怎麼還沒打電話、那件衣服值不值那個錢、晚上同學聚會應該穿什麼……一件本來只要兩個小時做完的事情，在紛繁亂跑的思維影響下，硬生生拉長到了三、四個小時，或者更久。

如此一來，做其他事情的時間被擠佔，開始感嘆自己時間不夠，被事情壓的喘不過氣，生活壓力大，自己則疲憊不堪。

把一顆心交給一件事，一次只專心地做一件事情，全身心地投入，不要把妳的心思浪費在其他事情上，或者別的想法、需要上，這樣才能充分地利用妳的時間，避免因為分心帶來的時間浪費，使妳有更多的時間來應對其他的事情。

其實，把我們要做的事情比喻成一扇扇門，在我們的生活中，好像每天都要面對很多這樣的門，妳要做的就是去盡力打開更多的門去完成門後面的內容，然而，門畢竟太多，每次妳只能拉開一個門，然後專心致志地、令人滿意地完成門後面的內容，再考慮下一個門。而不是在妳打開這個門時，心裡總是惦記著其他的門，以致於自己無法專心這個門的工作，浪費很多時間。

所以，別再抱怨沒時間，別再抱怨壓力大，好好想想妳是否眞的有效地運用了時間，讓時間眞正地爲自己服務了。

如果此時妳還不醒悟，依然三心二意地忙碌著手中的事情，那麼妳活該被「沒時間」壓迫，做生活的奴隸。

我的一個新同事，和我在同一個辦公室，彼此的辦公桌緊鄰著，因此，不自覺間就和她走得很近。

她外表可人，說話乾脆，一直以爲她是個很幹練、不會被生活所累的人。

然而，一段時間後我發現，無論辦公室裡的人邀請她做什麼，她都會說工作還沒完成、沒時間，哪怕是週末。我曾經調侃她說比美國總統還忙。她也只是淡淡一笑，不回答我，埋頭在自己的事情中。

按理來說，公司給每個員工的工作量並不是很大，她也不是一個能力欠佳的人，完全可以在上班時間完成的工作，爲什麼每每還要加班來完成呢？我百思不得其解。

這天，我正認眞地忙著手上的工作，手機裡突然收到一條她發的簡訊：「幫我想想房間裝修應該用什麼顏色？」我愕然，現在是上班時間，她在考慮這些事情？我向她的辦公桌望去，只見她正在專注地看相關家飾裝潢的網頁。我急忙回覆她：「忙，中午休息時間再和妳討論。」發完簡訊，我突然興起想要看看她這一天是怎麼工作的。

經過我的觀察，我發現她工作的時候喜歡聊天，有事沒事就把聊天軟體打開。她剛想忙一下手頭的工作，便有聊天訊息過來，於是她趕緊停下工作來回覆，短短半個小時，她的工作就被打斷數十次；其間，她還跑了幾次廁所，時間還挺長的，後來我才發現她是溜出去跟男友講電話；還有好幾次，我看她正在工作時，期間似乎又想起了什麼事，於是進入深度沉思狀態，幾分鐘後，她又開始忙工作，可是剛忙了不久，似乎又被什麼事打斷了，翻著桌子上的文件夾，瘋狂地翻找起來……原來她就是這樣工作的，我頓時明白了她加班的原因何在。

想一想，也許妳是她活生生的翻版。

女人啊！因爲丈夫、孩子、家庭，難免有些瞻前顧後，在做事情的時候會爲家裡或他人的一些瑣事分心，弄得自己心神不寧無心工作，說好聽點是身在曹營心在漢，說的難聽點便是在其位不謀其職，白白浪費時間，透支精力，疲憊不堪。

所以，讓自己先安靜地想想爲什麼會這樣？這樣的生活自己還能忍受多久？怎樣才能改變這種狀態呢？

專心致志地做一件事

專心致志地做一件事，比妳三心二意地做一百件事更有效率和成效，同時也可以讓妳身心舒暢，畢竟完成一件事，不再受這件事所累時，心裡是非常愉快的。

一、要培養對一件事情的興趣。興趣才是持久專心的真正法寶。所以，讓自己愛上手上的這件事，並努力、專心地去做好；

二、瞭解自己的責任和極限。責任感往往可以使妳對這件事情更加地重視，會更加地認真對待。如果妳不知道自己的極限，把自己弄得筋疲力盡，那就是在浪費妳的效率、健康和快樂；

三、懂得排除干擾。可以找一個比較安靜的環境來做這件事，或在做事情的時候關掉聊天軟體、手機等，讓自己心無旁騖地專心在手頭的事情上；

四、要學會如何拒絕那些會耗盡妳生產能力的活動和工作，有些工作不是在自己的能力範圍內，或不是自己的職責所在，就要懂得拒絕，免得浪費了時間又無法完成；

五、別人能代勞的事情，比如那些急於完成但並不很重要的事情，盡量讓別人來代勞，這樣可以為自己節省不少時間，讓自己更加專心去做下一件事情。

搞清楚妳到底在為誰忙？

曾有人問過我：「妳到底爲誰忙？」這個問題十足困擾了我好幾天。

現實中，我們確實很忙，忙得四腳朝天，忙得茶飯不思，忙得沒有空閒，在這樣的忙碌中任意讓時間從我們手中流失，自己卻一事無成。但是我們問過自己「到底爲誰忙」了嗎？沒有，似乎也是忙得沒有時間問了。

也許，有些人會想反駁了，不忙的話能有收入嗎？不忙的話能有飯吃、有衣穿嗎？不忙的話怎麼實現自己的夢想，做成自己的事業？……忙，還眞得要忙！可是問題出現了，爲什麼有些人他們不忙，也照樣吃好的、穿好的，家庭美美滿滿，自己風風光光？

所以啊，最好不要再盲目地忙碌了，忙的前提是要爲自己忙！

可惜啊，現實中很多女性意識不到這一點，都是在瞎忙。別人在忙什麼，她也跟著忙什麼；最近流行忙什麼，她就要忙什麼；辛辛苦苦忙完了一份報表，卻是爲他人做嫁衣裳；努力工作了十幾年，結果還是落得被辭退的下場……而那些眞正需要自己去忙、去在乎的事情呢？早就在自己這瞎忙一通中，沒有時間去忙了。

無法改變自己狼狽不堪的現狀，自己得不到清醒的認識和提升，於是，自己在這樣的忙碌中變得糊塗，開始感覺人生的虛無，自己的無能，難免消極悲觀起來，更加不利於自己的人生價值的實現。

其實，我們更應該明白的是：忙碌不是爲了能掙到養家糊口的薪水，也不是爲了優越的生活條件，更不是爲了討好誰，而是爲了我們自己，爲了自己更有意義的人生，爲了自己更加豐富的情感體驗，爲了自己更加完美的生活！

然而，我們總是不敢拍著胸膛、理直氣壯地說「我是爲自己忙」，或者總有些人總是認識不到「爲自己忙」的意義何在，還是糊裡糊塗地忙碌於一些對自己沒有多大幫助、沒有意義的事情，打發著、浪費著時間，這樣，她們便活該讓自己深陷忙碌而自己的人生得不到實惠的悲慘境地了！

有個我認識的女孩最近很苦惱，她想不清楚自己一天到晚在爲什麼忙碌。

她和我說，她是一個熱愛生活的女孩，對生活曾經有著熱切的期盼，並且相信憑著努力一定可以讓自己的生活有聲有色，讓自己的日子風生水起。她在一家大公司當祕書，平時主要是幫經理整理整理資料，安排好經理的行程，做一些備忘錄什麼的。

剛開始，她對這份工作充滿了熱情，覺得這樣肯定能夠給她帶來她想要的生活。

然而三年的時間過去了，除了存摺裡數字的增減，她自己沒有半點的改變，生活也依然是她一個人冷冷清清。很多時候她覺得自己不是自己，只是一部工作的機器，每天重複著同樣的事情，一切都是爲了主管，她很累，很想爲了自己去做做什麼事情。

我問她想到要爲自己做什麼了嗎？

她搖搖頭。

她說，當她有這個想法的時候，她的一些朋友正在買股票，她想現在人們理財都重視投資，身邊的朋友也在買，自己也許應該買點。於是把大部分的存款取出來，買了股票。後來，她見很多人都在買基金，而且基金比股票更保險，她就把股票全賣了，買了基金。

買基金賺了錢，但是她還是覺得自己天天無所適從，不知道該做些什麼，只知道每天忙啊忙，忙公司的事，忙基金的事，完全沒有了自己的閒暇時間，生活也很不快樂。她說，其實這些基金根本不是她需要的，她不缺錢。

現在她的生活只知道忙，至於忙的內容，忙的她已經沒有時間去計較了，偶爾讓自己停下來想到這個問題的時候，她也只是淡淡一笑，苦澀地搖搖頭，又投入到自己忙碌的生活中了。

她已經被這些「無所謂」的忙碌耗去了太多的時間和精力了，開始頭疼甚至害怕再去思索這個「爲誰忙」的問題，只是任時間流逝，眼睜睜看著自己蒼老。

不知道自己在「爲誰忙」，不過是在浪費時間，浪費生命。很多女人都是這樣碌碌無爲地過了一生。

女人啊！要對自己的時間負責，不要讓它總是浪費在一些毫無意義的事情上面，讓自己墮入到庸俗、死水般的生活中，完全地迷失了自己。

可是，究竟該怎麼對自己的時間負責呢？

為自己忙碌

女人，如果讓自己對生活迷糊、對人生失望，妳便是個失敗的女人。妳應該要時時刻刻清楚自己為誰而忙碌——女人的忙碌是為了女人自己！

一、當妳不得不為這件事情耗費大量時間時，請妳先問問這件事於妳的意義何在，是可以鍛鍊妳的意志，還是可以為妳帶來經驗、財富？想清楚了答案再開始；

二、最好把要做的事情列個清單，給自己五分鐘的時間，好好思考這些事情對自己的意義何在，再決定要不要行動；

三、轉變觀念。有些事情是妳的工作，無論妳多麼地不情願也必須花時間完成，不要再想著是為上司或公司工作了，而是要把這當作是對自己的一次磨練，抱著磨練自己的想法去完成；

四、既然決定做這件事了，就不要再猶豫、再否定，盡量從這件事情當中發掘出對自己有用的東西。比如妳花時間陪客户，就要體認到這對自己的人脈是一大幫助。

五、堅決對別人的打擾說「不」。如果別人讓妳幫忙完成一件事情，而妳丟不開面子，就接手去做，不但自己的事情擱在一旁，還可能因為做不好別人交代的事情落個吃力不討好的下場。所以，在別人提出要妳幫助時，先看看自己的工作是否完成，自己是否還有更重要的事情要做，如果有，就要拒絕。

第二章 越懶越不要說「No」

◎很多人有著宏大的目標，卻也只不過是「雄心萬丈，躺在床上」。

◎要有「沒有藉口」的決心，不讓推卸責任變成一種習慣，加強自己的責任感與主動性，成為一個積極、充滿鬥志的新女性。

◎如果妳們想成為職場中的「白骨精」和生活中的「植物女子」，那麼，就讓自己的三分鐘永遠走在別人的前面。

懶著，懶著，一輩子就過去了

基督教中說人有七宗罪——驕傲、嫉妒、暴怒、懶惰、貪婪、貪吃、淫慾，這也是很多作家、藝術家、哲學家、道德家所關注的主題。也許妳要說，妳只不過是普通的「上班族」、「居家族」、「窮忙族」，在現實生活中渾渾噩噩的女人，那些東西和自己沾不上邊，也沒閒暇去思考。

那麼，妳眞的那麼忙嗎？

只不過是舉手之勞的一件小事，妳懶得動彈，一拖再拖；只不過是妳分內的芝麻小事，妳懶得行動，盡可能逃避，到最後苦不堪言；只不過是生活中必須做的一些事，妳懶得付出，自己渾渾噩噩……於是，懶著、懶著，一輩子就過去了！而妳卻渾然不覺，像剛睡醒的迷糊小豬，啞然道：「我的時間呢？怎麼就這樣沒了！」

知道嗎？妳正犯著七宗罪之一的懶惰罪！

妳不得不承認，現實生活中多數女孩天生是懶惰的，盡可能想逃避工作，能舒服一分鐘是一分鐘，不是想著在這短短的一生中怎麼樣才可以多做一些事、讓自己活得更有價值，而是天天想著該怎麼樣才可以多睡一會兒、多休息一會兒。

就算有一部分人也有著宏大的目標，只不過是「雄心萬丈，躺在床上」，滿懷著幽怨，眼睜睜地看著年華老去而自己一事無成。

拜託！親愛的女孩們，別把懶惰當成慵懶。慵懶是心境、形態，可以使女人更加嫵媚、性感，而懶惰會吞噬女人的心靈，讓女人邋遢、粗俗。現實中沒有一個懶惰的女人是受人歡迎的，大家避之唯恐不及，於是眞正上演了「女人是老虎」的悲劇，妳不想成爲該劇的主角吧？

所以，如果妳無法正視自己的懶惰，妳活該只是普通的「上班族」，妳活該成爲別人眼中的詬病，妳活該成功不了（眞的還沒聽過成功垂青過一個懶惰的人）。

鮮花想要綻放得美麗，就要不辭辛苦地汲取養分，女人想要活得精彩，就要勤勤懇懇地做好點滴。

我那日搬家，一進門就發現一個女人穿著睡衣，雙手抱胸地倚在門口，笑咪咪望著我，我禮貌地對她笑了笑，是的，她就是我的新室友。我只是很納悶，正中午了她怎麼還穿著睡衣，一副睡眼朦朧的樣子。

看出我的疑惑，她歉意地笑笑，和我說剛睡醒，知道搬來的是女性就懶得換衣服了。我也對她笑笑表示理解。畢竟是週末，難免懶散些。只是到後來我才發現我錯了，這一切和週末沒有一點關係。

她在一家小公司裡當文員，主要是整理整理公司的資料、寫寫報告什麼的，可以說是相當輕鬆的工作。但是她還是一天到晚抱怨太累了，害得她連多睡一會兒的時間都沒；她經常買一大堆的零食堆在床頭，睡醒時餓了，不想起床，隨時伸伸手就可以了，由於長期這樣，她有嚴重的營養不

良，整個人看起來病懨懨的，沒有一點活力；看到地上的一個紙團，她會因爲懶得彎腰，而視而不見；衣服髒了，往洗衣店一扔，也往往因爲懶得去拿，一個月都穿同一件衣服……等，關於她這些毛病，實在數不盡。

一次，我有點事去找她，一進門就有股怪味撲面而來，吃剩的泡麵、髒襪子、一些廢紙雜亂地散落在四處，沙發也堆滿了衣服，連坐的地方都沒有。她抱歉地笑了笑，把沙發上的衣服往地上一扔，示意我坐。她無比感慨地對我說，剛開始，她想找一個有能力的男人養自己，這樣就不會過得這麼累了，但是不知爲什麼，很多男人在和她交往一段時間後都會離她而去。而自己也工作這麼久了，一點晉升的跡象都沒有，覺得活得挺失敗的。如今她都快三十五歲了，依舊無依無靠，心裡很難過，難道她的這一生就要這樣過去了嗎？

聽完她這段感慨，再看看她的模樣，我在想，這樣的女人，哪個好男人會想要呢？我安慰她，讓她振作，改變一下自己，改變一下對生活的態度，也許一切都會變的。她只是對我笑笑，搖了搖頭說她已經習慣了這樣的生活，改變不了了。於是，我便不再說什麼。

像這樣的女人，我想現實中有千千萬萬。妳也像她一樣任時間在自己的懶惰中白白流失嗎？妳也讓自己繼續過著這樣的不堪生活嗎？妳是不是也開始嚴肅認眞地開始思考如何有效利用時間這個問題？想做一個聰明、受歡迎的女子，妳必須拒絕懶惰，這樣才可以讓自己笑傲情場、職場、生活場。

拒絕懶惰

懶惰會吞噬女人的心靈，使女人面目全非、面容可憎。但是，只要妳決心和懶惰分手，那麼妳的明天一定會燦爛豐富。

一、可以在記事本上把要做的事情記下來，並註明一定要去完成，用這樣的記事本來時刻的提醒自己，激勵自己；

二、最好不要在家裡工作。在家裡總是很容易受到干擾，也總是很容易使自己放鬆，這樣原本自我約束力就差的妳，更會放縱自己的懶，結果往往是一事無成；

三、什麼事情都要盡早開始做。很多人當他意識到時間不夠去完成一件事時，乾脆把一整天都一筆勾銷，什麼也不做，這無疑是在縱容自己的惰性。解決的辦法就是要養成及早開始的習慣。

四、厭惡和暗示療法。妳可以做一個小丑放在自己的寫字檯上，每發現自己有懶惰的心理或行為時，就在小丑的臉上添上一筆，或塗上顏色，久而久之看著它醜陋的樣子，就會提醒自己改掉懶惰的惡習。當然，妳也可以找一張自己最光鮮的照片，放在顯眼的地方，鼓勵暗示自己每天要活得那樣精彩、漂亮！

我有三分鐘永遠走在別人前頭

拿破崙說：「我的軍隊之所以能打勝戰，就是因爲比敵人早到幾分鐘。」早到幾分鐘，可以搶佔有利地形，獲得更多的勝利籌碼。其實，人生何嘗不是這樣，比別人早上三分鐘，妳的人生也許比別人早了一大步。

也許有些人要對這個理論不屑一顧了，不就是三分鐘嗎，哪有那麼了不起？

而現實是：很多人準時準點地去上班，到了辦公室，卻連收拾一下自己凌亂桌面的時間都沒有，只好馬上投入工作，工作中又發現想要什麼東西都找不到，這兒翻翻，那兒瞧瞧，浪費了很多時間；準時趕到了約會地點，面對風度翩翩的他，卻沒有時間來整理自己的風塵僕僕，只好在他面前侷促不安；或是按時完成了自己的工作任務，卻沒有時間來整理自己的情緒，只能帶著一身疲憊下班，抱怨生活的忙碌和無奈。

如果妳比別人早到三分鐘呢？

比別人早三分鐘到公司，可以從容地在洗手間整理一下因爲擠捷運、公車導致的狼狽儀容，還可以收拾一下桌面，讓自己有一個乾淨整潔的辦公環境；早三分鐘趕到約會的地點，可以輕鬆地調節一下自己的面部表情，給對方一個最燦爛迷人的微笑；早三分鐘完成工作，看著還在埋頭奮鬥的同事，內心會有著一種優越感和幸福感，或者對著自己笑笑，調節一下自己的情緒，愉快輕鬆地下

班，好好享受屬於自己的時光……

比別人早三分鐘，就是比別人早三分鐘享受早晨的明媚陽光，早三分鐘準備一整天從容不迫，早三分鐘享受到工作後的一份閒適，早三分鐘擁有自己的時間——妳的人生會因爲這三分鐘比別人精彩。

所以，聰明的女孩，如果妳想成爲職場中的「白骨精」和生活中的「植物女子」，那麼，就讓自己的三分鐘永遠走在別人的前面，否則，妳只能活該淪落到「邋遢女」、「窮忙族」裡，碌碌無爲。

當老同學還在爲五斗米苦苦掙扎的時候，玉蘭已經成功成爲職場的「白骨精」了，順利完成由低級白領到高級金領的過渡，事業、金錢、家庭一樣不缺。而最讓人羨慕的是，這一切她並沒有像別人那樣需要犧牲自己的健康和情趣來獲得，她從容淡定地就盡收囊中了。

有人想知道其中的奧祕，玉蘭說，其實很簡單，也就是我永遠領先在別人前頭三分鐘。

剛開始工作的時候和許多人一樣，玉蘭準時準點，按部就班地上班，總是感覺手頭有做不完的事，自己的業餘愛好也丟了，人非常地疲憊，工作了一年還沒有一個好效果。後來，一個管理大師對她說：「妳能不能試一試，把自己的錶撥快三分鐘。」

於是，從第二天起，玉蘭比正常時間早了三分鐘出門。到了公司，當其他同事正匆匆忙忙地打卡，手忙腳亂地收拾自己的辦公桌時，她的面前已經放好了整理好的資料，並泡好了一杯熱茶。

接下來的工作，她做得有條不紊，還沒到用餐時間，上午的工作就提前完成了。在剩下的時間裡，她開始安排一下下午的工作，順帶憧憬一下午餐豐富的內容，並想著午休時和女同事逛逛附近的商場還是跟男同事打打球——這些想法讓她很愉快。

悠閒的午休結束，由於提前對下午的工作已經有安排，頭緒清楚，工作起來很順手，效率非常高。還沒下班她就完成了。她把一天的工作總結了一下，看看有沒有什麼遺漏或不到位的地方，如果有趕快彌補，避免一些失誤。

就這樣，到下班的時候，當其他的同事還在手忙腳亂地工作著，疲憊不堪地打著哈欠時，她依舊那樣的神清氣爽。

沒理由不高興啊！工作完成了，她也已經安排好了晚上的好節目。

玉蘭說她很感謝那個管理大師，是他教會了她掌握時間的主動權，用三分鐘換來了每一天的從容。

羨慕玉蘭吧？現在是不是很受啓發？那麼，想好了自己該怎麼做了嗎？是否也要像玉蘭一樣把自己的錶撥快三分鐘，開始掌握時間的主動權？是否也想用這三分鐘爲自己贏得一個從容的人生？

別再說自己不漂亮、能力太差，離職場「白骨精」太遠，時間是妳一切的籌碼，分配好了時間，妳就是女人中的女王，一統人生將指日可待。

比別人快三分鐘

每一個女人都有權利和義務讓自己生活得從容美麗，那麼就勤快點，讓自己的三分鐘永遠走在別人前面吧！

一、克服自己的惰性，早起三分鐘，讓今天所有的事情都早三分鐘開始，有條不紊的同時，會讓自己心情愉悅，效率大大提高；

二、貴在堅持，不是憑著一時衝動和三分鐘熱情就行的。一天三分鐘，十天就是半小時，一年下來那得多少個三分鐘呢？想想這段時間，妳可以比別人做多少有意義的事情呢？堅持下去，讓這成為一種習慣，才會真正的讓妳生活的從容淡定，進而獲得一種滿足和幸福；

三、可別輕易浪費了這短短三分鐘，最好高效地利用這三分鐘，為自己的工作和情緒做些準備、調整，讓自己一天都保持好心情，高效率。而不是在慶幸自己有這三分鐘的偷懶時間，這樣就事與願違，達不到妳想要的效果了。

「不舒服」搬空妳的時間儲備

「對不起，當時我不舒服，就沒……」

「我想做的，但是頭疼，時間也不夠了……」

「拖到現在我眞的很抱歉，但是這件事情實在太讓我不爽，不舒服，所以……」

……

這些藉口很容易讓人暫時逃避了困難和責任，獲得些許的心理安慰，自我感覺也很好，殊不知這樣的自己已經成爲了時間的竊賊，人生的大好年華就此流失。

要知道，藉口帶來的危害一點也不比其他惡習少！

也許有些人會說我危言聳聽，認爲才不會那麼嚴重呢！她們已經習慣了給自己找各式各樣的藉口，躺在床上舒服地睡大覺，並會美其名曰「聰明」，但是結果也往往是「聰明反被聰明誤」。

藉口是自己人生失敗的伏筆，是製造失敗的根源，它會讓人消極頹廢，一旦妳找到一種「好藉口」，嚐到藉口的「甜頭」，就如飛蛾撲火抓住不放，然後總是拿著這個藉口爲自己的不作爲辯解。剛開始，妳也許能意識到這個藉口不過是自己在撒謊，但是在不斷地重複後，自己就會越來越相信是眞的，相信這個藉口就是自己無法完成的眞正原因，於是就開始懈怠、僵化，努力讓自己什麼都不去做，而且還死都不會承認自己是個會找藉口的人。

安靜下來仔細地想想，能讓自己成爲靠藉口爲生的女人嗎？

美國卡托爾公司在給新員工的錄取通知書上，都印有這樣的一句話：「最優秀的員工是像凱撒一樣拒絕任何藉口的英雄！」妳是一介弱女子，也許英雄離妳太遙遠，但是一不留意，還是很容易就淪爲生活和職場中的狗熊的。

親愛的，只有摒棄任何的藉口，妳才會眞正地安靜下來審視一下自己的能力、責任心和努力的程度，才能眞正地重視起自己的不足，進而完善自己，提升自己。否則妳活該時間流逝，只留下皺紋給自己了。

剛見到她的時候，看著她精緻的妝容、考究的衣著和不俗的談吐，感覺她應該是個有品味、有成就的女人，並爲自己錄取到這樣的一個女人慶幸。然而接下來的相處中，我才明白自己的判斷錯了。一次，我讓她完成一個銷售方案，兩天後給我。兩天過去了，只見她帶著一臉的歉意地來到我的辦公室。她說這兩天她不舒服，到現在還沒好，所以就沒完成……看著她嬌嬌弱弱的樣子，我在心裡想，也許她說的是眞的吧，再說女人嘛，體質難免差點，有個什麼不舒服是正常的事。

於是我非常通情達理地對她說沒關係，讓她把工作交給另一名同事就行了。她如蒙大赦，馬上眉開眼笑地去辦了。望著她矯健離開的身影，心裡頓生一絲疑慮。但用人不疑，疑人不用，我還是選擇了相信她。

不過，在接下來的工作中，我越來越覺得不對勁，無論我交給她什麼任務，她總有理由無法完成，不是生病了，就是沒時間，或家裡有事，她一天到晚眞的那麼忙嗎？既然那麼忙，還來工作

幹什麼，顧得過來嗎？這樣下去可不行，來公司一個月了，什麼工作都沒完成過，這不是來混日子嘛，哪有這麼好混的。

我對她說，既然她這麼不喜歡這份工作，還是離開吧！免得耽誤了她的大好時光。她楚楚可憐地望著我，一個勁地表明對這份工作的喜愛和不捨。她說能找上這份工作非常不容易，自己已經換過很多工作了，沒有一個能夠長久的，她希望這一份工作能夠長久。我笑著問她在工作中有什麼成就嗎？她搖搖頭，她說自己笨，總是做不好事情。我說妳看，妳又為自己找了一個藉口，這就是為什麼妳在一家公司待不長久的原因，妳總有各式各樣完美的藉口為自己無法完成工作推卸責任。而公司是不會養閒人的。妳應該回去好好地反思一下自己。聽了我的話，她悻悻地離開了，望著她的背影，我也陷入了沉思。

身處職場，見過形形色色的人，而善於找藉口似乎是99％的職員都有的習慣，尤其女孩更容易找到藉口來為自己開脫。但是，大多數優秀企業主對員工的要求是，凡事不要找藉口，沒有完成就是沒有完成，不會就是不會。喜歡找藉口的人，也往往成了最先被公司踢出的對象。各位女性朋友，不要天真的覺得每個人都好說話，妳的一個完美藉口就能讓自己轉危為安，更何況，妳的藉口抹殺的是妳自己的能力和魅力，當別人對妳失去信任後，妳還剩下什麼？更為嚴重的是，當妳藉口成性後，妳就再也無法努力的去做好事情，妳的人生豈不也就此毀了？好好反思一下自己，現在的妳是否總是為自己的不作為找種種的藉口？如果有，趕快消滅它吧！

拒絕藉口

改變對藉口的態度，把找藉口的時間和精力用到工作中來，因為工作沒有藉口，成功沒有藉口，人生沒有藉口。想要做好這點可不是簡單的喔！

一、反思一下，那些藉口真的那麼難受嗎？要有「沒有藉口」的思想，不讓推卸責任變成一種習慣，加強自己的責任感與主動性，成為一個積極、充滿鬥志的新女性；

二、給自己斷絕一切後路，也就是封殺了藉口之路。在工作中，多花時間尋找問題，調整好自己的心態，不折不扣地完成，相信伴隨著問題的解決，「美妙的藉口」也會越來越少的；

三、每完成一個任務，要肯定自己，然後鼓勵自己把不足變為勤奮的動力，無論如何都要看到自己努力的一面，用這一面激勵自己；

四、尋找一個榜樣。榜樣的力量是無窮的，找一個勤奮、成功的女人做為榜樣，好好看看同樣是女人，妳和她的差距到底在哪裡，並即時地調整自己。

做好「乘除勤懶」這道題

美國一本知名雜誌曾經對文藝、體育、工商、政界的近百名成功人士進行過調查，調查結果發現，在天賦、機遇、智慧、能力、鬥志、勤奮、毅力等這些諸多的成功因素，排在第一位的居然是勤奮。

我相信一定又有些人肯定要不屑一顧了：眞有妳說的那麼玄嗎？

古人就說過「業精於勤而荒於嬉」，比平常多做一點點，比別人多做一點點這就是妳的勤奮，這就是妳的成功。妳可千萬別小看這一點點，所謂集腋成裘，每天勤奮一點就是每天多收穫一點，時間久了就是一筆了不起的收穫了。人生是一場馬拉松而不是百米衝刺，往往不是開始領先就可以笑到最後。在這漫長的征途中，基礎的累積便成了致勝的關鍵，要勤奮地堅持一點一點地儲備，才可以跑得比別人快。這也是很多女性朋友成爲職場「白骨精」的一個先決條件。

多做一點怕什麼，然而，現實中很多人不肯每天多做一點，多付出一些，她們總是在想：下班能不能早一點點、明天能不能多睡一點點、多吃一點點、多玩一點點、多休息一點點……放縱著自己的惰性，於是習慣成自然，上班的時候無精打采，效率低下，卻總是抱怨沒有時間，時間都被佔滿，更加渴望休息和玩樂，更加地放縱自己的惰性，並在其中渾然不覺，渾渾噩噩過日子，結果自己被日子給過了，嗚呼哀哉！

要知道，每天多睡一點點、少做一點點，是失敗者共有的習慣；每天多做一點點、多付出一點點，是成功者共有的特質。失敗和成功的差距到底在哪裡？就在這「一點點」上。

好友終於找到工作了，眞替她高興，她也是摩拳擦掌表示要在這個職位上大展宏圖一番，我當然也非常支持她、看好她。

然而三個月過去了，她卻突然跑來和我說她辭職了。我非常納悶地看著她，這已經是她第N次辭職了，問題到底出在哪裡？

她對我說，工作的時候，她的腦子就像是浮在水面上的一個皮球，她知道要想做好工作，就要讓這個皮球順著工作的思路沉下去，但它總是不樂意，總想著要冒出水面，因爲在水面有水拖著很舒服。特別是工作中一旦遇到什麼困難，腦子馬上就會不聽使喚地逃之夭夭，自己就想到一邊輕鬆涼快去。但是她不甘心！她要繼續去按那個皮球——就這樣反覆鬥爭著，工作效率大打折扣，表面上看起來工作時間很長，但是工作的量和品質卻不怎麼樣。這樣被佔了更多的時間，她就更想著休息，更不想讓自己多做什麼，在公司每天也只是算計著怎麼樣才可以讓自己多點時間休息、玩樂，能少做的盡量少做，能不做的盡量不做。

她說她也想對工作認眞以待，但總是事與願違。其實我明白，不是工作太難，而是每件事做到後面她就有種想應付了事的意識，只想著怎麼能夠快點結束，好爲自己爭取多一點的休息時間，更不會想著去學習，給自己充電什麼的了。可是圖一時輕鬆而應付完成的工作，交到上司那裡換來的

絕對是批評，以及打回來重新修改，這不但佔據了她更多時間，也讓她自信心受挫。不過，這位傻姑娘倒不懂得找自己的問題，反而覺得這公司與自己的八字不合，於是就想著，跳槽到別處也許自己就時來運轉了。可是到今天爲止，她依然未能扭轉自己的運氣。

我非常同情地望著她，她還沒找到自己的問題所在，把一切原因都歸咎於工作，認爲工作不適合自己，工作沒意義。其實每一個工作都是有意義的，關鍵是看妳努力的程度。當自己早已有一顆時時刻刻想偷懶的心，並且成爲習慣時，再有意義的工作都將變得毫無意義，再精彩的生活都將不再精彩。

這個時代，女人不再是溫室裡的鮮花，只需要等待著別人的呵護，女人已經可以撐起自己的天空，是職場上的巾幗英雄，生活中的主導者，所以，女人啊，不能再懶了，再懶就懶出這個世界，懶掉自己的人生了。

所以，每天妳到底是給自己加點勤奮，還是減點懶惰，是值得妳好好思考的事情。勤能補拙，勤奮日久出天才、高智商，懂幸福力的女人最懂得每天給自己的生活加一點勤奮的養料，少一點懶惰的腐蝕。當然，她們不是瞎勤奮，而是懂得勤奮的分寸，知道什麼時候讓自己更勤快、什麼時候可以讓自己停下來享受美麗。她們工作時總是一絲不茍，玩樂時又能沒心沒肺，她們專注地做好每一件事情，卻鮮有把懶惰當成一種幸福來享受。

妳呢？是不是也要學會做「乘除勤懶」這道題，讓自己眞正成爲一個充滿魅力的女子？

一天一點勤奮，一天一點改變

任何的成就都是一個勤奮累積的過程，雖然很多人明白這個道理，但是要行動起來可不是一件簡單的事喔！

一、制訂工作計畫，把每個工作都嚴格按照規定時間保質保量地完成，如果無法完成，可以適當地懲罰自己，以此激勵自己；

二、可以做一些難度很小，當然盡量選擇妳喜歡做的事情，這樣來培養自己的勤奮習慣，克服自己的惰性；

三、天天驗收自己的行為，如果發現當天自己沒有偷懶的行為，就在當天的記事本上做一個標記，比如貼一朵小花，表示自己進步了，天天看到自己的進步，久而久之就會養成良好的習慣；當然，妳還可以找一個不錯的朋友監督妳，或者找個榜樣，以便互相學習、互相鼓勵；

四、貴在堅持，堅持每天多做一點點，不讓自己的熱情隨著自己的悲歡離合而起伏、波動，雷打不動地堅持下去。

別拿大目標把自己嚇懶了

相信很多人都聽過這樣的一句話：好做的不一定是最適合妳的。我們是不是可以稍微地改造一下：大的不一定是適合妳的。

沒錯，有大目標是一種積極的人生態度，彰顯了現代女性的一種態度、抱負和理念，但是大目標的遭遇往往是「事不關己高高掛起」，成了想像中可望而不可及的水中月、鏡中花。

在成長的過程中，每個女孩都有自己的奮鬥目標，然而隨著時間的變化，由於種種的原因，總有人放棄了自己的目標。

現實中，我們隨便和一個女性朋友聊天，她都可以天花亂墜地說上大半天她的理想和夢想，但也只是說說，當問及到行動時，她可能會對妳慘然一笑，告訴妳她覺得目標太遠、太大、無法實現而選擇了放棄，白白地浪費了很多時間和精力。

在說完這些，一轉身的時間，她便又回歸到了自己那不斷重複又懶懶散散、碌碌無爲的生活中，無端地感嘆和埋怨時間的流逝及自己的不作爲。

確實，目標太大，會導致很多人無法承受其重，心有餘而力不足，到最後心灰意冷，任憑自己墮入「懶惰門」；目標太遠，則很難與自己的現實聯繫起來，有點無所適從，只能是高高掛起，靜靜地站著瞻仰，無法再前進一步；目標太虛幻、模糊，只是一紙空文，讓原本就不甚明瞭的人更加

迷惑，平添不少困擾，在她們放棄的那一刻更是助長了心中的惰性。

然而，青春很短，美麗很短，女人的精彩很短，怎麼能因爲大目標就把自己給嚇懶了，怎麼能夠允許自己的時間消耗在生活的不作爲中？

現在就停下來仔細地想想吧！要做「白骨精」還是被嚇懶的「庸碌女」？如果是後者，妳就活該深陷平庸的生活不能自拔，在那裡空埋怨時光的流逝，對自己的人生充滿遺憾。

她曾雄心萬丈、興致勃勃地對我說，總有一天她要拍出讓全人類都震撼的電影。

看著她堅定的神情，我也深深被感染了，覺得她是一個有理想、有抱負的人，將來一定會成爲受人矚目的大導演。

一天，有事來到她家。都日上三竿了她還沒起床，家裡也亂得不成樣，估計這一個星期內都沒收拾過。我調侃說大導演可不是這樣的。她不好意思笑笑，說什麼大導演，那只不過是她自己年輕氣盛瞎說的。瞧瞧！她敢說卻不敢承認了。

原來，和我說完自己的理想後，她自己也振奮了好幾天。但是，當她好不容易如願以償地進入電影公司後，發現一切都不是自己想的那樣。公司只是讓她整理些資料，她連拍攝現場都去不了，更不用說自己開機喊「卡」了。

面對這樣的現實，她突然覺得自己的能力有限，無法完成當時的那個雄心壯志，不禁開始心灰意冷，只是應付好自己手頭的工作，其他的都是將就著，連日子都是將就著，自己已經懶得再去做

什麼突破和改變了。

我和她說，曾有人做過一個實驗，組織兩組人，讓他們分別沿著九公里以外的村子步行。第一組的人不知道村子的名字，也不知道路程有多遠，只是被告知跟著嚮導走就行了。

剛走了三、四公里左右，就有人開始叫苦了，走了快一半有人幾乎開始憤怒接著放棄，坐在路邊休息，越往後情緒越低落，很多人都沒完成任務；第二組，人們知道村子的名稱、路程，而且路上都有一塊里程碑時刻提醒著他們。

他們就這樣一邊走一邊看里程碑，每縮短一公里大家都會快樂一陣。行程中他們情緒一直很高昂，很快就到達目的地了。

聽了我的話，她沉默了良久，最後，她對我點點頭說知道自己該怎麼做了。

親愛的，妳是否也和她一樣知道怎麼做了？

實現到理想是一個漸進的過程，就像是爬樓梯，必須一步一個臺階地前進，不能因爲來到拐角處，看不到前面的路就感到沒希望，就放棄了。這樣只是浪費了曾經的時間和努力。

倒不如停下來，好好地問問自己吧！問問自己是否扛得起大目標？扛起了又該怎麼樣實現？在實現的過程中該怎樣運用好時間？

分解大目標

分段實現大目標可以避免急於求成的心態，也有利於消除倦怠心理，增強克服困難，戰勝挫折的勇氣、信心，但是它可不是容易做到的喔！

一、在設立大目標的時候要經過仔細的思考和精密的計算，最好從實際面出發，制訂和自己能力、現實相符的目標；

二、不要光著眼於最終的結果，還要充分考慮到實現目標過程中的長期性和艱巨性，成功不是一件簡單的事，要時刻做好艱苦奮鬥的心理準備；

三、要學會將大目標進行分解，也就是把大目標分解成一些小目標，把長遠目標分解成短期的目標，然後，依次實現每一個目標。這樣一步一步的方式前進，不斷地去實現；

四、目標設立後，無論遇到什麼困難都不輕言放棄和改變，要堅持到底；

五、能把自己的行動和目標不斷地加以對照，時刻清楚自己的行動和目標之間的距離，時刻激勵自己前行。

有想法就行動，別讓負面情緒捆住妳

有人說我們的人生時時刻刻盤桓著一群大大小小的匪類，比如：自私是個自以爲是的劫匪、懶惰是個謊話連篇的慣匪、自滿是個亮麗風騷的女匪、灰心是個吞噬勇氣的小匪、絕望是個咀嚼希望的惡匪……等等，人生啊，就是一場與這些匪類曠日持久的戰爭。

而女人天生是感性的動物，面對著人生的這些無奈匪類，一不小心就會失去主人的地位，讓情緒成爲自己的主人，任其擺佈。

經過千思萬慮，終於有了一個成熟的目標和想法，剛要行動時，卻因爲別人的打擊或自己的自卑，匆匆就放棄了，夢想就永遠擱淺在夢想的沙灘上了；信心滿滿地開始做一件事情了，卻因爲在過程中一件微乎其微的小事，嚴重影響自己的心情，變得灰心喪氣，再也提不起精神；絆了一跤，就影響了一整天的心情；因爲別人一個不友善的眼神，自己一直耿耿於懷，不能專心手上的事情……天啊，那些懷疑、畏懼、失望等等的負面情緒時時刻刻困擾著自己，任由它們操控著自己的妳，讓自己成爲了情緒的傀儡。

當妳的想法和行動脫節時，一個問題也就擺在了妳的面前，到底是什麼讓負面情緒成爲了自己的主人？妳是否也認眞地想過自己對什麼現象不滿，對什麼樣的人討厭，是不是很容易從壞的方面去想問題？其實都不是，是妳太放縱自己的感性，在做事情的時候沒有足夠的時間意識和理性。

妳有時間生悶氣，在那裡悲觀失望，還不如時刻用理性提醒自己把時間用在思考怎麼才能做得

更好，或爲這件事情做一些能力所及的事，否則活該成爲芸芸衆生中最碌碌無爲的一員，永無翻身可能。

她是一名鋼琴演奏者，在一間琴房裡，我聽過她的演奏，那水準絕對是一流的，絲毫不比現在任何一個知名鋼琴演奏家遜色。

但是，我怎麼都不明白，她怎麼就不能被世人關注，登不上演奏的舞臺。爲此，她的心中充滿了遺憾、悲觀、失望。

她說她從小就夢想能登臺演奏，於是拼命地練習，父母肯定，老師誇獎，同學羨慕，她自己也很有成就感。但是，也常常因爲爸爸一句不經意的批評或彈錯時同學的嘲笑，整個人變得很煩躁，無法進行練習，更不能解除一些技術障礙。

她總擔心自己的神經質，一天到晚因爲一些小事傷春悲秋，根本無法把精力集中在練琴上，要不然水準肯定比現在還高。

我感嘆，沒好好練習就這麼厲害了，那好好練習呢？眞是一個鋼琴天才！只是我沒想到關於登臺演出，她還有一個不能克服的弱點。

每次一想到上臺演奏要面對著那麼多的人她就緊張，一到臺上就腿軟、手抖、頭暈等，完全不知道自己該彈奏什麼，更別談什麼正常發揮了。

緊張焦慮一定程度上能使人保持對外部事物產生靈活的反應，可以說從某種意義上來說，緊張

焦慮是人在競爭的環境生存的基礎，一定程度的緊張焦慮是合理的。

但是如果超過了那個可承受的程度，並使自己放縱於這種緊張焦慮之中就大大不妙了，就像她一樣。她不只一次地想克服這個缺點，但只要一看到臺下黑壓壓的人群，一想到他們的褒貶，她就無法控制地焦慮起來。

由於受困於焦慮，她還經常失眠、神經性緊張、胃疼等，而這些困擾更是每天影響著她的心情，讓她苦不堪言。

妳是不是深深地爲她惋惜？爲她惋惜的同時是不是也更應該反思一下自己是否也被這些負情緒困擾著？

在有限的時間和精力面前，現在就讓自己好好想想吧！妳每天是積極樂觀地做著自己想做的事，還是常常因爲一些小事影響了自己？如果是前者，爲妳慶幸，如果是後者，妳是否想好了要怎樣進行自我拯救？

掃除自己的負面情緒

有了負面情緒是正常的，自己一定要知道，但是一定不能讓負面情緒控制自己，這不是一句空話，這需要妳的努力！

一、無論遇到什麼事情妳都有著自己的準則，妳的行為時刻遵循著這個準則，並根據現實不斷修正；

二、無論遇到什麼事，都要對自己說這是正常的，沒有什麼好大驚小怪的，要保持樂觀的情緒，而不是一味地鑽牛角尖，認為自己是全天下最倒楣的人，讓自己陷入一種不好的狀態；

三、要學會冷靜理智。遇到問題，要冷靜地找出問題所在。不能自我控制情緒的時候，最好找個合適的人聊天，說出妳的鬱悶，找個人幫妳分擔情緒總好過一個人默默消化不知所措。

四、不要在悲觀失望的時候做任何決定，這時妳應該先讓自己安靜一會兒，什麼都不想，等情緒過去了再做打算；

五、時刻明白自己所做的一切是為了一種滿足幸福的感覺，不要害怕什麼，這個世界可供擔心的事情太多，擔心不完的。有事情就解決，不能解決也不用強迫自己，不要給自己太多的壓力，以致負面情緒滋生。

第三章

女人的時間不是用來老死的

◎妳老邁的身軀奔波在風雨中時，沒有人會為妳此時的努力喝采，除了同情，剩下的也許僅僅是「活該」了。

◎如果妳因為錯過太陽而流淚，那麼妳也將錯過月亮和星星。

◎要知道「水到了100℃就會沸騰，低於0℃就會結冰」的道理，如果我們追求完美到了一定的程度，那就是不完美了。

這輩子妳只有一個「今天」

有人問，人的一輩子有幾天？回答是：「三天」——昨天、今天、明天。再問，「三天」中哪一天最重要？答曰：「今天！」昨天已經成爲過去，只能以回憶的形式來擁有，而明天還無法預料，無法擁有，只有今天是最眞實的，今天可以抹去昨天的傷痛和淚水，可以爲明天創造條件和希望，把握了每一個今天，也就是把握好了過去和未來。

而事實上，太多女孩在爲昨天悔恨流淚，或者還以爲自己是個可以無所事事做著白日夢的小公主。這樣，從每天睜眼的那一刻起就註定了一個失敗的今天：好不容易把自己打扮的漂漂亮亮，雄心勃勃地要開始美麗的一天，但到了公司卻只是坐在那裡發呆、和同事聊天、左顧右盼地瞄帥哥。下班了，又灰頭土臉地回到住處，累得只想看無聊透頂的肥皀劇，慰藉一下自己寂寞空虛的心靈。

就這樣日復一日，年復一年，週而復始比大自然的規律還規律，但是也在「規律」中活生生地葬送了自己一個又一個今天，爲自己換來了一個又一個悔恨的昨天和一個又一個無望的明天。

親愛的，請相信：抓住了今天，就是眞正抓住了時間的脈搏，光陰在飛逝中才會顯得奇光異彩，而不是蒼白如紙般地灰飛湮滅。時間不能像金錢一樣讓妳們隨意地儲存起來以備不時之需，當妳希冀的明天遲遲不見到來的時候，就要好好反思一下自己的今天，在這樣的今天中，自己是否眞的珍惜了，做好了自己？

當別的老人悠閒地在路邊晒著太陽，享受天倫之樂時，已經六十幾的她每天還要起早摸黑地爲工作奔波。剛開始，我以爲她是操勞慣了，閒不住，心裡對她充滿了敬佩之情。常常對她說，如果我到了她這個年紀，絕不去工作。聽了我的話，她也只是苦澀地笑了一下。我想我是不是說錯話了？

答案於那一次我不經意間和她的閒聊中揭曉。很難得，那天她有時間休息，坐在社區的廣場和其他老人一起晒著太陽。看見她，我便過去跟她打了個招呼。我說能看到她晒太陽，眞是太難得了。

她表情很爲難又很勉強，說以後也許可以閒下來安享天年，不用辛苦工作。我覺得這是好事情啊！她爲什麼不開心？見我很疑惑，她終於告訴了我原委。

由於年齡太大，她被辭退了。沒了工作也就沒了生活來源。那麼，她年輕的時候怎麼就沒想到現在的情況，怎麼就沒有未雨綢繆呢？

年輕的她很漂亮、聰明，身邊從不缺少獻殷勤的男人，也從來不用爲吃飯、工作擔心。她總覺自己還年輕，有著大把大把的時間可以揮霍，年輕便是享受，便是放縱，每天追尋的也不過是吃、喝、玩、樂和一些虛無縹緲的愛情。

不好好工作，頻繁地跳槽，更談不上給自己充電、積蓄了，任憑自己一個個珍貴的今天在尋歡作樂中流逝，到老了便要背上曾經欠下的「時間債」，爲生計奔波、辛勞。

現在她非常後悔，每看到一個年輕人便要絮絮叨叨地勸誡他們珍惜每一個今天，時光不能倒流，更不能重複，不要像她那樣老了才明白、後悔。如今她非常珍惜自己的每一個今天，一大把年紀了，還每天堅持學習英語。

她對我說，她已經錯過昨天了，但是不能再荒廢了今天，她相信憑著自己的努力一定可以再找到一份工作。看著她的堅持和堅定，我的內心說不出的感動。

我們的生活中不乏這樣的人，那些佝僂著背乞討的、那些白髮皤然每日還要拿著旗子引導乘客的、那些老眼昏花還在靠針線活賺生計的、那些被自己的孩子指責沒有出息和作為的……幾乎無一例外都是不珍惜今天，揮霍一個又一個今天得到了報應。

我記得很清楚，有次跟兒子出門，看到寒冬臘月伸著手乞討的人，便拿了一些錢打算給他，可是我那天真的兒子卻制止了我，他說道：「媽媽，他有手有腳，幹嘛要靠乞討過生活呢？不給不給！」兒子的話讓我震驚不已，又欣慰不已，我年幼的兒子已經懂得要自食其力，要珍惜歲月好好奮鬥。

這樣的結果是否讓妳驚覺？妳在大肆揮霍今天，不拿今天當回事，可是時間怎麼會等著妳清醒過來再走呢？它轉瞬即逝，而妳漸漸老去了，此時此刻，做什麼都力不從心。

此時此刻，悔恨晚了。而妳老邁的身軀奔波在風雨中時，沒有人會為妳此時的努力喝采，除了同情，剩下的也許僅僅是「活該」了。

對今天負責

時間不可停留，人生不能重複，能做的就是把握好今天。道理也許每個人都懂，但是要行動起來卻不是那麼容易了！

一、想要珍惜今天就要會「關門」，把連接昨天的後門和通往明天的前門都關上，這樣妳可以輕鬆很多。只要過好今天，讓今天充實有意義，不虛度光陰就行了；

二、算計今天。要會算計今天的幸福，完成今年能完成的事情。計算自己做過的事，如果很多事對自己、對他人而言都是有幫助也有意義的，就非常不錯了，要感到一種滿足和幸福，同時別忘了肯定自己的今天，這樣妳會覺得今天過得格外有意義，明天更值得期待；

三、懂得放棄，比如放棄沒有意義的事情，放棄不良的情緒，放棄自己做不到的……保障自己的今天高效運轉；

四、著眼自己的整個人生，對自己的未來有一個明確的方向和目標，讓每一個今天都是為了自己無悔的人生奮鬥。

摸清辦公室「三大」時間竊賊

煩、煩、煩，爲什麼在辦公室裡效率這麼低？工作的時間怎麼就是不夠用？天啊，加班的日子何時能了？

相信每一個坐辦公室的ＯＬ都有相同的體會，那麼，在辦公室到底是什麼竊取了妳的時間？答案很簡單——他人的打擾、網路和會議。

他人打擾：

妳有沒有遇到過這樣的情況：早上氣定神閒地來到辦公室，正想以百倍的專注投入新的一天的工作，但是在工作的過程中，總會有人問妳：「妳看了網路上那個被人瘋狂轉貼的視訊了嗎？眞是太有意思了！」、「對不起，這個我不會，妳可以教我嗎？」、「天啊，妳今天穿新衣服了，在哪裡買的，好漂亮喔！」、「能幫我處理一下這個小問題嗎？我內急先上一下洗手間。」……一天下來居然會被打擾十餘次，甚至更多，自己抓狂的同時，更是浪費時間無法高效地完成工作。但一旦面對同事或其他人那無辜的眼神，也唯有剩下無奈的苦笑了。

網路八卦和網聊：

女人好八卦，這是衆所周知的。加上網路這麼發達的消息傳輸工具，更是可以讓很多女性朋友大大滿足自己的八卦慾望。於是，女同事們每天坐在辦公室裡，雖然開著電腦工作著，注意力不知

不覺地就開始關心那些八卦：哪個明星今天又有緋聞了、當今富豪的奢侈私生活、網路上誰又走紅了，或者開著聊天軟體，花大量的時間和好友、陌生人閒聊，聊的不亦樂乎時，便置工作於不顧，當回過神的時候，天啊，這一天已經過去了，而自己什麼都沒完成！

沒效率的會議：

又要開會了，一開就是一個早上，不過是一些主管爲了滿足自己的講話慾望，強行將下屬聚在一起聽他說話，或問題是擺出來了，卻沒有一個人提出有效的解決方案，或是公司例行的規矩，無論有事沒事都要到會議室去坐上半個小時……想想這無聊的開會時間可以做出多少事情，完成多少工作！沒效率的會議就是在浪費時間和精力，讓很多職場ＯＬ痛不欲生。

這些辦公室竊賊引起妳足夠的重視了嗎？如果沒有，妳就活該忙到死，沒有效率，沒有晉升——沒有時間。

剛認識了一位長相甜美可人、待人親切、聰明老練的女孩。我心想，以她這條件一定會人見人愛、花見花開、大有作爲的，可是，工作五年了，她依然只是一個普普通通的文員，更是晉升無望。我爲她可惜的同時，也百思不得其解，先天條件這麼優越的她怎麼就這麼沒晉升運？

每天，她準時上班，還沒正式開始工作，就有男同事湊過來獻殷勤，問個好或者倒個茶，再閒聊一會兒。要不就是身邊那個笨笨的女同事，開始問她一些簡單得不能再簡單的問題。

好不容易可以開始工作了，總有其他同事要她幫忙找份資料，寫個小東西，或給個建議什麼

的，總是打斷她的思路，讓她很難進入工作狀態，可是又無法拒絕那些幾分鐘就可以搞定的小事，讓她苦不堪言。原本一個小時可以完成的工作，她要花兩個小時，甚至更多的時間。

她對我說，其實不單是她工作沒效率，她的同事們也差不多。就說那個什麼小問題都請教她的笨同事吧！好八卦，工作的時候盯著網路上的那些八卦咯咯地笑個不停，腦殘得很。不僅八卦，笨同事更是喜歡聊天，經常在網路上給她發一些無聊的訊息，還總是和她扯上半天。

還有最要命的是辦公室裡例行的晨會，更是讓人苦不堪言。大家面面相覷地坐著，很多時候不過是在上級無聊的侃侃而談中發發呆，喝喝茶，想想午餐要吃什麼，不知不覺白白浪費了一個早上的時間。不僅如此，有時下午下班前一個小時還要去開個會，一開一個小時時間又過去了，很多員工只好把工作推到明天，弄得公司人人怨氣不斷，但也只是敢怒不敢言。

這個可不是個人或個別公司的特殊情況喔！很多職場ＯＬ幾乎都是這麼過來的，她們總是很忙，卻總是忙的沒有成效；她們能力突出，但是總和晉升、加薪擦肩而過。

妳是否有和她們一樣的問題？如果妳辛辛苦苦工作了好幾年甚至幾十年，生活依然如故，絲毫沒有變好的跡象，那麼，妳眞的應該停下來好好想想如何更加有效地利用餘下不多的時間，爲自己贏得一個更加燦爛的明天了。

小絕招應對大竊賊

時間寶貴，不能任由那些大大小小的竊賊再來不知不覺地盜取，但是這可不是簡單的事喔！需要妳的努力！

一、對付他人的干擾妳可以這麼做：

空間設計避免干擾

如果妳對辦公室的設計有發言權，可以建議辦公室設計成允許來訪者進入時他們才能進入的格局。

委婉拒絕

當同事或上司有事請求妳，妳要學會委婉地拒絕他們。比如，妳可以笑著對他們說妳現在很忙，上頭急需這份方案。這樣時間久了，他們自然不會再來打擾妳。

該忙時要忙，但要預留空閒時間。

這樣做讓同事隨時可以找到妳，以免自己和他們生疏。

二、應付網路八卦和網聊的建議：

在電腦上貼張小紙條

上面可以寫「關注八卦就是諮詢滅亡」、「別再浪費時間於八卦和聊天上」等，隨時提醒自己上網只能查找資料，拒絕八卦和網聊，提高工作效率。

在批量時間內工作

給自己規定這個時間段自己只能工作，並做好具體的安排。比如，妳可以規定早上的二～三個小時裡必須要完成早上的工作。當妳在批量時間內完成工作時，妳會發現自己工作的勁頭越來越大，受網路誘惑越來越少。

讓別人監督自己

找一個要好的同事，或身邊的同事，讓他來監督自己，提醒自己。

三、搞定無聊會議，妳可以：

取消不必參加的會議

有些會議能不參加盡量不參加，為自己節省時間和精力，保障一天的工作時間。

四、會議偷懶。

妳可以把這無聊的會議當作適當的休息，放鬆自己，讓自己在會議結束後可以更加精力百倍地投入工作。

五、會議規劃。

在這沒有效率的會議上，利用這個時間好好規劃一下今天自己的工作，做好工作安排，提高自己的工作效率；當然，重要的會議可要認真做筆記喔！

不要為碎掉的瓦罐哭泣

不知道妳們是否有和我一樣的感覺，人生十之八九不如意，就好像一粒種子要開花結果總是要經歷風吹雨打一樣，我們要自己的人生開花結果，也必然要經歷遺憾痛苦。然而，我們活該就要被這些遺憾痛苦死死地捆綁不能動彈嗎？

明代的大學問家曹臣寫過這樣的一則小故事：東漢大臣孟敏年輕的時候賣甑。一次，他不小心將擔子掉在地上，甑被摔碎了，他頭也不回地離去。於是，有人就問他：「壞甑可惜，何以不顧？」他回答：「甑已破矣，顧之何益。」

是的，即使甑再珍貴、再値錢、再與自己的生計息息相關，但它被摔破了，已成無法改變的事實，妳再爲之感到可惜，再心疼如焚，再顧之再三，又有什麼意義呢？道理簡單，但是很多人可不是孟敏，她們無法從破瓦罐的陰影中走出。

日常生活本就瑣碎且不易，像打破瓦罐，撞破油瓶，打翻牛奶的事情經常發生，但是很多人只會一味地沉溺在懊悔、失望、痛苦等情緒中，「我怎麼這麼笨，這麼豬！」、「天啊，以後我該怎麼辦，連這點小事都做不好！」、「我怎麼這麼的倒楣！」……不斷地自責，不停地抱怨，把自己的心境弄得越來越沮喪消極，活在迷離混沌的狀態中，模糊了自己的人生路，看不到前方那一片晴朗的天空，自己寶貴的時間便在這無休無止的悔恨中白白流逝。

所以親愛的，當妳的時間只是消耗在無法挽回的事情上時，當妳的生活和別人相比總是充滿悔恨和無奈的時候，當妳人生毫無起色只是一味消沉的時候，妳是否讓自己靜下來好好想想呢？到底是什麼導致了這一切？

有人說，天不晴是因爲雨還沒下透，下透了就會放晴了。妳們不能走出碎瓦罐的陰影，是不是因爲沒看透，磨礪太少，無法有效地利用自己的時間？今天，如果妳還無法看透，就活該在懊惱中匆匆結束自己無聊的一生，成爲一隻庸碌的生活寄生蟲。

我認識她已經很久了。剛開始，覺得她是一個多愁善感的感性女子，總是那麼的悲秋傷春，敏感憂鬱。

但是時間久了，發現有些地方很不對勁，比如每天她都非常地消極悲觀，做什麼事情都提不起精神，嘮嘮叨叨地說些亂七八糟的話，最讓我感到害怕的是她那一聲又一聲的嘆息。和她相處久了，整個人似乎都沉重了很多，好像連我的人生都變得格外灰暗。

有一次，姐妹們的聚會中，當大家都興致勃勃地暢想未來時，她非常不合時宜地來了個沉重的嘆息：「唉，這時間過得像是慢性自殺一樣，每過一秒就是靠近死亡啊！」就這樣，她把姐妹們的興致破壞的一乾二淨。

大家非常不滿地看著她，她無奈地笑笑說，新的一年過去了，她什麼都沒做好，忍不住就難過起來，眞不敢想以後。

上次她和一個姐妹自己創業，合開了一個服裝店，但是由於經驗不足，去到外地進貨，貨款居然被騙，兩手空空地回來。

回來之後她把自己關在房間裡「面壁思過」，長吁短嘆地消沉了好長一段時間，天天在後悔自己太天真、太容易相信別人，並終結了自己的創業之路。

一個姐妹對她說，過去的事就讓它過去了，不要爲打翻的牛奶而哭泣，最重要的是把握現在，爭取好未來。像她那樣總是爲過去的事情耿耿於懷，不過是錯過現在，以後又要爲現在悔恨了。

大家都點頭，贊同這個姐妹的看法。唯有她還是一臉的茫然。她說她也知道自己這樣不好，但是控制不住自己，放不下那打翻的牛奶。聽到她這樣的話，我們只能沒心沒肺地說：那妳只好一生消沉了。

妳的身邊，或者妳自己會不會也是這樣的女人呢？還很固執地改不掉這個毛病，總是一心一意地爲昨天的過失和不幸哭泣，生活更是談不上什麼改觀了。

其實，女人想要活得漂亮，就要拿得起放得下。

很多事情一旦發生，不是一個人的心境所能改變的，傷神沒用，鬱悶沒用，要懂得放下，重新開始，否則就要像泰戈爾說的：「如果妳因爲錯過太陽而流淚，那麼妳也將錯過月亮和星星。」

讓過去的成為過去

不要為了碎瓦罐傷神，不要為了打翻的牛奶哭泣，長長短短的人生路，最重要的是不懈的努力和追求。雖然道理淺顯誰都明白，但是做起來可不是很簡單喔！

一、時刻謹記自己的人生目標，不要因為一點點小挫折就怨天尤人、萎靡不振、消極悲觀，人生本來就是客服困難的過程，不經歷風雨怎能見彩虹；

二、每當感覺到自己為打翻的牛奶哭泣的時候，就要給自己正向積極的暗示或提醒，「牛奶已經打翻了、流失了，哭也沒用，只會耗費精力，何不收拾心情重裝上陣呢？」或在心裡安慰、鼓勵自己：「沒關係，以後我一定會做的更好的！」讓自己走出灰敗的情緒藩籬；

三、記住教訓。遇到不好的事情，不要一味地哭天搶地，而是要好好地反思一下自己為什麼會導致這個結果？自己哪裡做得不足了？錯在哪裡？以後該注意什麼——這樣自己才會在失敗中進步；

四、用別人的故事來激勵自己，從他們身上學習克服困難，調節情緒的方法和意志。

關牢妳身體內的吸血鬼

怎麼時間又白白地過去了，自己還是什麼都沒做好！有些人每天都爲此恨的咬牙切齒。但是怪誰呢？怪上級？怪公司制度？怪事情太多？怪環境不好？……別再找客觀原因了，一切的問題都在自己的身上。

怎麼，不服氣，那好，妳能不能做一下下面的題目，檢視看看這些問題在自己身上是否存在？

- 不知道事情的重要性
- 沒有目標和次序
- 優柔寡斷，拖拉懶散
- 忘記東西
- 不會自律
- 時間估算不切實際
- 沒有預測會發生的問題
- 做事沒有系統
- 過於注重細節
- 喜歡找各種藉口解脱

……

相信沒有人敢保證自己一樣都沒有吧！這些不足就像是潛伏在妳體內的吸血鬼，一點一點地吸盡妳的時間和精力，而妳卻渾然不覺，成為了在生活和工作中一個轉個不停卻沒有太大功用的陀螺，累壞了自己，更是無意義地耗損著自己年輕的生命。

親愛的，當妳總是被「沒時間」擠壓，或總是找不到合適的時間做自己想做的事情時，別把目光緊緊盯著客觀因素不放了，老闆再苛刻，也不可能給妳太多的工作量佔盡妳一天二十四小時的時間；環境再惡劣，妳也不可能二十四小時地耗在那裡；工作再難，妳也不可能白天黑夜地不停地奮鬥……妳總有屬於自己的時間，總有需要妳自己支配、規劃、安排的時間，如果把這些時間運用好了，那可是人生一筆大財富啊！

所以，親愛的，要學會把目光放在自己的身上喔！關牢那些吸血鬼，不給它們興風作浪的機會。如果妳因為一時的疏忽，沒有意識到那些吸血鬼的存在，縱容著它們為非作歹，妳消耗的就不光是時間，而是妳的一切。

看著把自己打理得清清爽爽的她，以為她是一個很會打理自己和生活的知性女子。但是，因為借個東西到過她的家裡後，面對著凌亂不堪的屋子，我對她的看法大打折扣，這和她的外表真是太不符了！她倒是表現的很不好意思，抱歉地向我解釋說沒時間打掃。可是她有週休假日，每天也很早就下班了，應酬也不是很多，大部分時間還是在屋裡待著，怎麼會沒時間呢？

接下來的相處中，我才知道她的問題所在。

比如，很多時候，她知道自己在某段時間該做什麼、怎麼做、做到什麼程度，但是就是不馬上去做，拖拖拉拉；學習和發送資訊，按理學習是重要的事情，應該先學習後發送資訊，而她總是先發送資訊後學習，或在學習的時候邊發送資訊邊學習；做事往往有頭沒尾，剛開了個頭，又去做別的事，然後回頭再做這個事情的時候又重新花時間去考慮該怎麼做；過於注重細節，特別是看書的時候，一般注意那些重點的地方就可以了，她不是，她要一字一句認認眞眞地看。

此外，她還是一個不會拒絕別人請求、沒有原則的人。那天晚上她本來是安排完成在公司時沒完成的一份報表。結果一個姐妹的電話過來約她一起吃飯，然後一起去PUB High一下。

她想到了自己的報表及老闆那張黑臉，趕緊拒絕。好姐妹不同意了，在電話那頭又是發嗲又是撒潑又是裝可憐的，還信誓旦旦地說有多少多少的帥哥，可以幫她擺脫寂寞的單身生活，她在猶豫了零點零一秒後，馬上點頭同意了，盛裝一番便出門去了。並一副視死如歸的模樣想，讓明日的暴風雨來得更猛烈一些吧！

聽了她的所作所爲，也許妳會又好笑又好氣，但是妳確定妳不是這樣的一個「迷糊小妹」嗎？那麼，妳想好了如何克服自己這些耗損時間和生命的小缺點了嗎？

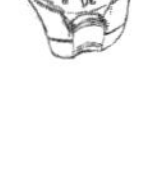

給體內的「吸血鬼」一座牢籠

世上時間是最公平的，每個人擁有的都一樣多，但是時間也是不公平的，有些人從中受益得多，有些人受益得少。想要從時間那裡得到更多更有意義的東西，就要妳時時刻刻審視自己，把自己體內那些耗損時間的吸血鬼看牢了。當然，親愛的姊妹們，這可不是一件簡單的事喔！

一、要有高度的警惕性和警戒心，要會時不時地審視自己、反省自己，最好列出一些條目，自己對照著一條一條地審問自己；

二、把別人當成自己的一面鏡子，當看到別人出現這樣那樣的問題的時候，馬上把目光轉向自己，檢查檢查自己是否也存在著這些問題，並立刻寫下來，即時做出改正；

三、會自律，特別是面對玩樂、安逸的誘惑時，更要懂得自律，可以用名言警句或偶像事蹟來時刻提醒自己不要浪費時間；

四、花了多少時間在哪些事情，把它詳細地記錄下來，最好每天從早上刷牙開始，搭車的時間，工作的時間，出去拜訪客户的時間……一直記錄到晚上睡覺前，就這樣把每天花的時間一一記錄下來，妳就可以發現在哪裡因為什麼原因浪費了時間，這樣才有具體的辦法改變。

完美主義是浪費時間的美麗外衣

有個笑話是這樣的：一個女人來到天堂，上帝讓她在這裡挑選一個男人。於是，女人走進了一個大門，進去後迎面是兩個小門，一個門上寫著「英俊」，另一個門上寫著「平凡」。女人推開「英俊」的門，迎面又是兩個門，一個寫著「有能力的」，一個寫著「平庸的」。女人推開「有能力的」——就這樣，女人一路走下去，先後推開了九個門，當她推開第十個門的時候，只見上帝寫給她的一行字：妳追求的男人太完美了，我造不出來。

雖然是笑話，但是請妳千萬不要一笑而過，也許妳一不小心就錯過了這背後的深刻道理——世上沒有十全十美，不要過分追求完美！

完美是一件極具誘惑的東西，同時也是一個美麗的陷阱，將很多人陷在泥沼裡，卻使其以爲自己正處在人間仙境，不知不覺跌進自身所造成的完美陷阱裡。

我們來看看這些過分追求完美的女性朋友們：如果一件事情沒有做到自己滿意的程度，那麼必定吃不好睡不好，很長時間心緒不寧。於是，爲了達到自己所追求的完美，她們拼命地努力，仔細地推敲，消耗自己的時間和精力，直到由青春美少女熬成未老先衰的「黃臉婆」才肯罷手，然而，事情依舊不能完美，永遠地在自己的心裡打了一個結，承受著自找的沉重的負擔。

完美最先總是以漂亮的面貌對妳招手致意，以良好的願望、心態做爲導引，然後妳開始被逞強和虛榮控制，不惜一切的代價開始妳所謂的「完美」旅程。但是，親愛的，妳有沒有想過妳還有多

少時間經得起「完美」的折騰？妳還有多少精力經得起「完美」的蹉跎？

天啊，別再「不完美不甘休」地浪費時間了，別再和自己較勁了，否則妳就活該成為一輩子受累受苦卻不如意的可憐女人。

她是我見過的極品女：剝煮雞蛋時，剝下的蛋皮上不能沾一點點蛋白，否則就會因為雞蛋「壞了」而不吃；麵包只是破了一點皮，就整個扔掉；衣服不過是有一個線頭沒剪齊，就不穿……什麼事都要做到完美，不出任何差錯，一旦不完美便會煩躁、發脾氣。發脾氣不要緊，最關鍵的是牛脾氣一上來，便更不惜一切代價地去追求完美。追求不到便會一直想，一直想，睡不好，吃不好，心情更是不好。

不僅如此，她對人、對事還很多疑，很多和她沒關係的事情總是會聯想到自己的身上，覺得別人對自己怎麼樣了，有什麼看法了，惶惶不可終日。

於是，就開始嚴格要求自己，連笑的時候露幾顆牙齒，說話用什麼速度，走路先邁左腳還是右腳，眨眼睛的頻率是多少等等都做了嚴格的規定。

她對我說，其實很多人都不會在意不放在心上的事情，她不行，她就會去想，直到問題解決後才會如釋重負，也才能讓自己進行下一個工作或事情。她太追求完美了，很多時候，她覺得自己這樣活著很累。

我問她，爲什麼不能將就？

她笑笑說，她也不知道，只是覺得沒做好心裡總有個疙瘩，很不舒服。從小她就不能容忍粗糙和隨便，無論在哪個方面。

然而，從小她得到的快樂也是非常有限的，畢竟能讓她滿意的事情太少了。

我對她說，她的要求太高了，這個世界沒有完美，追求完美的人不過是被完美牽著鼻子走的人偶，接觸不到眞實，感受不到自由，白白浪費時間，人生對其而言不過是一種無結果、無意義的辛勞。最重要的是要讓自己走出完美的圈套。

我大費一番口舌，但不知道她能否明白和醒悟！

相信現實中很多的女性朋友和她一樣被「完美」這件華美的外衣包裹得快要窒息了，卻依然無法掙脫，做著垂死的掙扎。要知道「水到了100℃就會沸騰，低於0℃就會結冰」的道理，如果我們追求完美到了一定的度那就是不完美了。

所以，請妳停下來，好好想想自己是否也和她一樣因爲「完美」而使自己疲憊不堪，時間、精力嚴重透支？如何才能走出「完美」的藩籬？

擺脫「完美圈套」

世界上沒有任何東西是完美的，每個事物都有一定的缺陷，不要因為過分追求完美而錯過路邊的風景喔！

一、殘缺也是一種美，時刻告訴自己、提醒自己世界不存在完美，從觀念和思想上矯正自己對人和事的看法；

二、要對自己說，努力和過程最重要，凡事只要自己努力去做，去爭取了就好，結果差一點沒關係，從而讓自己從一件事情中擺脫，可以更好更高效地投入到另一件事情當中；

三、學會寬容和理解，多和別人交流，徵詢別人的看法和建議，對不盡人意的人和事，要抱著理解和寬容的態度；

四、故意對自己隨意、馬虎，比如故意讓自己穿的隨便點，邋遢點，或把一件事情做得很糟後置之不理，藉此來鍛鍊自己的忍受能力，使自己擺脫「完美誘惑」，幫助自己走出「完美圈套」；

五、尋求心理醫生的幫助。追求完美的人到頭來往往會演變成強迫症，當自己克服不了的時候，就要尋求心理醫生的幫助，把自己的問題告訴心理醫生，並嚴格遵循醫生的指示治療。

幸福女人要「能掐會算」

管理學大師彼得・杜拉克說：「不能管理時間，便什麼也不能管理。時間是世界上最短缺的資源，除非嚴加管理，否則就會一事無成。」

這不是每個人都能做到的。很多女孩子天生迷糊，時間就糊裡糊塗過去了。

晚上，當自己卸下憔悴的妝容，拆除緊張的神經，靜靜地躺在床上的時候，才猛然間發現，怎麼一天下來，心裡這麼空虛呢？除了瞎忙一通，自己什麼都沒做成，不過是白白地浪費了一天又一天的時間。但是，也僅限是這樣「膚淺」地想想，第二天起床，一切照舊，生活依然一團亂麻。

然而現實生活中總有另外一種女人，她們做什麼事情都是從容不迫，效率驚人，她們有著大把大把的時間來喝咖啡、聚會、做自己喜歡做的事情，永遠悠然自得，幸福自在的樣子。

所以，當妳煩亂的人生和別人井井有條的生活形成巨大反差的時候，一個問題也就擺在了妳的面前——爲什麼妳就不能像她們一樣從容不迫、井井有條？是自己的事情太多？是自己處理問題的能力太差？還是自己沒有用心？……其實都不是，而是妳放縱了妳的時間。

親愛的，別再瞎忙了，好好想想每天妳是能掐會算地過日子，還是無序散漫地過日子？如果妳是後者，那麼，就活該要羨慕別人的幸福生活，讓自己永遠淪陷在忙碌卻沒意義的生活和人生中，做一輩子的迷糊蟲！

有人說付出和回報是成正比的，一開始我也很相信這句話，覺得只要一個人夠勤奮、努力，一定可以擁有自己的幸福人生。

但是認識了一位女性朋友後，就打消了我的這個看法，她使我明白，幸福不單和勤奮有關，更是和時間、效率有關。

這個女性朋友總是早起晚睡，一天到晚忙忙碌碌，大有二十四小時不停息的勁頭，但奇怪的是，她的生活與我們無異，甚至更糟。一開始，我以爲是她沒有經驗，不會處理生活中的點點滴滴，以致自己手忙腳亂，只是浪費時間精力。

後來相處一段時間後，發現她處理問題的能力很強，拜託她的事情，她總是輕輕鬆鬆搞定，能力並不差。那她的問題到底出在哪裡？

其實，問題的關鍵是她太不會算計自己的時間了！

她每天早早就起床，花上至少一個小時的時間來打扮自己，然後，先不想想這一整天的時間安排，隨便找了一件事情就開始忙碌，也不給這個事情一個完成期限，加上總是被其他事情打擾，她可以一個上午甚至一天只忙這一件事情。

等到下午，自己因爲早上應付那些亂七八糟的小事，早已筋疲力盡，經常一休息就是好幾個小時，甚至看無聊的肥皀劇讓自己休息，一看時間也就過去了。

到了晚上，等自己安靜下來的時候，突然又發現一天一事無成，心情頓時灰暗。

她說她也明白管理時間的重要性，明白時間就是生命的本錢，但是自己總是掐不住時間，算不過時間，每天也都在非常努力地做事，想對時間精打細算，但是成效不大，到後來就演變成了二十四個小時都想忙，卻依然忙不出頭緒的情況。

各位親愛的看了她的故事先不要洋洋得意，慶幸自己不是她，不會像她那樣毫無規劃。

那麼，妳敢大聲地說妳合理地利用了妳的一切的時間，妳的效率很高，生活沒有遺憾嗎？

時間對每個人來說都是平等的，想讓自己比別人多一些精彩，多一些豐富，多一些幸福，必須要學會對時間「能掐會算」，讓時間在妳的手裡服服貼貼，爲妳贏得更多的花樣年華。

那麼，到底該怎麼對時間「能掐會算」呢？

對時間精打細算

時間是不能控制的，但是絕對是我們可以有效利用的，至於怎麼利用就不是口上說的那麼簡單了，期間有一定的方法和訣竅喔！

一、目標明確，知道自己一段時間及長遠時間內要做什麼，並做個詳細的規劃，爭取按規劃行事；

二、依據具體事情，預算出自己做這些事的總時間，並把這些總時間做一些合理的分配。比如，妳可以把一天的時間分為三大部分，工作、學習、休息娛樂各佔其一；

三、嚴格按照自己制訂的時間表執行，並且每個月自我檢查一次執行的效果，即時做出調整，使其更適合自己，對自己更有幫助；

四、遵循自己的生理時鐘，掌握自己辦事效率最高的時段是什麼，把重要的事情放在這個時段完成；

五、對一些零碎的時間也事先做好安排，充分利用起來，並要預留出一些時間來應付偶然事件，比如說朋友來訪，做好這樣的準備進而保障一天任務的完成。

第六，會巧妙地拖延。如果一件事情妳實在不想做，可以將這件事情細分為很小的部分，只做其中一個小的部分就可以了，或者對其中最主要的部分最多花費十五分鐘時間去做。讓自己盡早擺脫這種不愉快的境況，更好地投入下一個事情當中。

第四章

改變思路，才能改變命運

◎向效率高的人學習方法和經驗。別人的方法和經驗，可以讓妳少走很多的彎路，提高自己的工作效率。

◎拒絕拖拉懶散。很多女性朋友不會分身術，更不會創造時間，但她們的時間總是「綽綽有餘」的祕訣只有一個：「化零為整」，把別人忽略的零碎利用起來。

◎很多人渾噩度日，拖拉懶散，這種不負責任的態度，最後傷害的只是自己，只會讓自己在紛繁無序的事情中無法自拔。

自我暗示：自信是拴住時間的繩子

「天啊，怎麼辦，時間這麼短，我肯定做不完？」

「要是時間再多點，也許我也可以做得很出色的。」

「這麼短的時間裡，我擔心自己做不好。」

……

當面對一個問題的時候，很多人總是膽怯地拿時間不夠來爲自己開脫——到底是時間不夠還是自己的自信不夠？

自信不是說等妳得到了之後才相信自己能夠做到，而是在妳還沒得到的時候就知道自己一定能夠做到，這是一種來自心靈深處的自我認可和一種無窮大的能量。可惜，很多人不懂得運用這種能量，只是在自己的自卑和自我放棄中，不斷地被時間奴役著：一件只要自己努力努力，在短時間內極有可能完成的事情，嬌弱的小女生擔心自己在這有限的時間內做不好，便放棄了，把表現、晉升機會白白地讓給了別人，自己活該要比別人多奮鬥三、五年；一個只要妳耗費些時間便可做出來的創意，妳擔心自己沒這方面的能力，所以抱定了寧願花時間去關注那無聊的肥皀劇，也不願在創意上做無用功的態度，讓時間白白流逝，自己碌碌無爲，並美其名曰自己沒有時間……

自信是一種獨特的人格魅力，更是時間的強大駕馭術。自信的女人，她會清楚自己的長處和自

己努力的方向，會懂得吸收他人的經驗教訓，不猶豫、不徘徊，敢去和時間挑戰，能在短時間內激發自己的潛能，爲自己贏得過更多的時間和機會。

女人，天生柔弱，但不是天生是弱者！現在就讓自己好好反省一下了。

她是我見到的最大的一個奇蹟。

工作六年後，她因爲胃病被送到了醫院。醫生給她檢查完說她活不過四個月。她一聽，先是難過了一下，不過馬上就想：憑我的才能和經驗，我應該在這四個月內做些什麼，乾脆我把事業發展計畫都寫出來吧！這樣即使我實現不了，也可以讓我的親朋好友去實現，人生也就沒什麼遺憾了。就這樣抱著這份自信，早上一睜開眼睛，她就開始寫，把自己的想法、心得、方法仔仔細細地寫下來。

四個月過去了，她居然沒死。在醫院裡待的四個月，她居然寫下了十幾項的企劃案和創業方法。

出院後，她拿著自己的這些企劃案開始了自主創業。當時她沒有什麼積蓄，也沒有什麼專業技能，只是從舊貨市場買了一張桌子，連把像樣的椅子都沒有，也只雇用了三個員工。

然後，她站在辦公室的破箱子上面給她的員工演講。她對他們說，請他們記住，十年後她要成爲本市的首富。沒想到第二天，就有兩個員工來辭職，他們認爲這個老闆神經有問題，有些人奮鬥了一輩子還是在溫飽中苦苦掙扎，她憑什麼十年就想成爲首富？

然而她並不在意他人異樣的眼光，帶著她的一張桌子、一把破椅子、一個員工，走上了艱辛的創業之路。而她的積極、樂觀、自信，使她在面對一個又一個難題時，都不灰心喪氣，總是爭取在最短的時間裡做好最重要的事情，為自己贏得比別人更多的時間。

她說，創業上自己沒有什麼資本，最大的資本便是自己的這份自信，她相信自己可以做到的。就這樣，憑著這份自信，十年過去了，她如願成為了本市的首富。

親愛的，想想看故事裡的女人，最初她有什麼呢？可怕的疾病並沒有摧毀她，相反地，她擁有的只不過是一個夢想和毫無根據的自信而已，但是，所有的一切也都是從這裡開始的。妳要相信自信的力量是無窮的，它能使人起死回生，重新開始另一段輝煌的人生。

請記住，沒有任何人和任何事情可以讓妳自卑，除非妳自己想自卑。

李白說：「天生我材必有用。」每一個人內在所蘊藏的能量一旦挖掘出來，都有可能取得非凡的成就。世界上無論哪一個事業成功者，首先都是非常自信的。

所以，拿起自信，為自己贏得更多時間和精彩吧！

人生路上揚起自信的風帆

想比別人擁有更多的時間和成就，想做精彩、豐富的女人，妳必須充滿自信，這可不是老生常談的事情喔！

一、會用語言進行自我暗示。要經常對自己說「我可以」、「我能做好」、「我能幹」等等自我鼓勵的話，盡量不說「我不會」、「我不行」等洩氣的話，時時刻刻在心裡鼓勵自己；

二、如果妳連妳自己都不相信、不肯定，那別人怎麼去信任妳呢？讓別人怎麼看得起妳呢？所以必要的時候妳可以用動作進行自我暗示，比如適當地提高自己的說話聲調，洪亮的聲音可以提高一個人的自信心，或走路的時候抬頭挺胸，加快走路速度，這樣也可以使自己恢復自信心；

三、盡自己最大的努力去做一件事情。其實很多事情並不是自己想像的那麼難，只要自己努力努力便可完成，當完成的時候可以極大地激勵自己，提升自己的自信心；

四、懂得彌補自己的不足。金無足赤，人無完人，每個人都有某些方面的不足。看到自己的不足，即時地改正、彌補，讓自己變弱為強，有利於自信心的建立。

自我拔高：永遠與高效率者做朋友

有統計數字顯示，中國是世界上人均工作時間最長的國家之一，一年大約是二千二百個小時，其次是阿根廷一千九百零三個小時，巴西一千八百四十一個小時，日本一千七百五十八個小時，美國一千六百一十小時，英國一千四百八十九個小時，最少的是荷蘭一千三百八十九個小時。而中國工作時間最長，效率卻是最低的。

很多女孩子花枝招展地來上班，一本正經地坐在了辦公桌前，面對著堆積如山的工作量，愁眉苦臉、慢吞吞地開始工作，工作進度慢，總是要加班，不僅把自己的花容月貌摧毀的蕩然無存，更讓自己身心備受摧殘。

她們已經習慣了週末的加班，習慣了手機二十四小時開機，習慣了半夜被人從睡夢中叫醒。

而高效率的女性呢？她們準時準點上班，定時定量完成工作量，甚至在工作期間還有時間看看新聞，和其他同事探討探討其他問題。一下班，總是第一個離開辦公室，手機關機，悠然自得地享受自己業餘的幸福生活。

所以，當妳的忙碌、疲憊與他人的從容、悠閒形成巨大的反差時，一個問題就浮出了水面——爲什麼自己的時間總是不夠用？爲什麼同等的時間，別人可以完成工作而自己就不行？是因爲自己的工作量太大？自己的能力低下？

其實都不是，只是因爲妳的效率太低了！如果妳的一生中全是做有意義的事，那妳這一生中的生活效率就是百分之一百，想想自己，現在的效率是多少呢？我們還有多少時間允許這樣無意義地揮霍？

別再窮忙了，讓自己好好想想妳每天是嚴格地要求自己要提高工作效率，還是只是一味地追求完成工作，並不去管耗費了多少時間和精力？如果是後者，那麼妳活該要比別人活得狼狽疲憊，成爲「白骨精」們的反面教材。

公司裡的人一直覺得她是屬烏龜的，做什麼事情都慢吞吞，一件只需一、兩個小時就可以搞定的事情，她要花費一個上午。就說那次吧！不過是讓她修改一份企劃案。要是讓老練的員工做，不到兩個小時就可以完成了，而她居然用了整整一個下午，不僅如此，還額外加班了一個小時才完成。當我拿到這份遲來的企劃案時，不禁哭笑不得，感覺眞是太難爲她了。幸好我不是急性子的人，要不然說不定就會被活活氣死。

其實，很多同事都向我反應了她的問題，嫌棄她做事太慢，影響工作進度，都不願意和她一起工作，每次分配任務時都不願意和她一組，這也深深地刺激了她。

也許有人要問，既然她的效率那麼低，幹嘛不開除她？哎，公司培養一個新人不容易，再說她是新人，應該讓她多鍛鍊鍛鍊，或許以後就成長了。而她本人也是一個很上進、肯動腦筋的人。

在以後的工作中，我發現她經常和老員工們一起，向他們請教、學習，和他們比速度比品質。

我心中暗喜，覺得自己果然沒看錯她。

剛開始，她總是要被老員工嘲笑，沒辦法，她動作實在是太慢了。但是她不灰心，不在意他們的嘲笑，依然很謙虛、眞誠地向他們請教。

她說人生短暫，如果花大量的時間來做無意義或效率極低的事情，豈不可惜？她知道自己有點笨，但是多向那些手腳靈活、效率高的人學習，一定也可以做好的。

不僅如此，她還很善於思考，實驗和改進了很多工作方法。

果然，慢慢地大家發現她不再給別人拖後腿，等到業務熟練後，她甚至比別人做得還快還好。如今，辦公室再也沒有人敢說她是屬烏龜的了。

一年多過去了，這個女孩現在可是我們公司的「白骨精」，不僅工作效率極高，生活品味也極高，在大家眼中，她現在可是實實在在的精英和品味女了。

好了，回到自己身上，現在的妳是否正和曾經的她一樣效率低下地瞎忙？她是不是給了妳一個極大的啓發？妳知道自己該怎麼做了嗎？

與高效者為伍

物以類聚，人以群分，與什麼樣的人一起就決定了妳什麼樣的命運。如果不想成為窮忙族的一員，就要與那些高效率者為伍。道理簡單，但是做起來可就不是很容易喔！

一、養成珍惜時間，遵守時間的好習慣，讓自己在有限的時間裡，盡量不受干擾，不做無用功；

二、結交那些工作效率高的人，並盡量使自己和他們一起工作，他們的高效率會帶給自己一個刺激，為了彌補這樣的差距，妳就得逼迫著自己向他們看齊，無形當中就帶動了自己的工作效率；

三、向效率高的人學習方法和經驗。別人的方法和經驗，可以讓妳少走很多的彎路，提高自己的工作效率；

四、在適當的場合做適當的事，同樣的一種氛圍可以讓妳更好地投入到工作中，進而提高工作效率。

五、想要高效率，有時僅僅努力還是不夠的，還需要方法。通常剛開始接觸新的工作或其他什麼不擅長的事情時，總會做得很慢，但是沒關係，用心去做，慢慢總結經驗，總會找到適合自己的一套高效方法的。

改變思路：時間可以切割

現在的職業女性不好當啊！要做家務，照顧丈夫、孩子，還得在職場爲了升職和加薪打拼，時間總是不夠用，恨不能一天當兩天用，經常忙到抓狂。如果把事業和家庭看成是天秤的兩端，時間是砝碼，那麼幾乎所有天秤都會傾斜的，無論是傾向家庭還是事業，很少有平衡的，但是很多女性朋友不甘心啊！她們希望魚和熊掌兼得。

於是，爲了這樣的兼得，她們要嘛一天忙完事業後再來忙家庭，要嘛忙完家庭後再忙事業。常常有女人等自己一天的工作忙完了，才匆匆忙忙地去學校接早已等得不耐煩的孩子，到家已經七、八點了，才在孩子和丈夫的抱怨聲中，繫上圍裙做飯；或者就是等家裡人都吃完早飯了，自己才出門上班，急急忙忙又狼狽不堪地到了公司，很難進入工作狀態，但又要硬著頭皮工作，眞是傷神更傷人；或非得逼著自己在很長一段時間裡做完一件事，不做完不甘休，長時間地耗損著自己的時間和精力……每天只有兩種感覺「忙」、「累」，根本談不上什麼充實、幸福。

當妳身陷這樣忙亂、疲憊的生活時，有沒有想過問題出在哪裡？是自己太貪心了嗎？是女人能力有限嗎？是女人做事效率低下嗎？……其實都不是，是女人自己把事業上的事情和家庭的事情分的太開，讓時間太過集中了。

沒有人規定這一段時間只能做這一件事情，也沒有人規定一件事情只能在某一段時間內完成，如果妳不能跳出時間管理的陷阱，改變自己的思路，對時間進行切割，只是按部就班機械地完成手

上的事情，那麼，妳活該成爲瘋狂旋轉得不到休息的陀螺，而且轉的毫無意義。

和她成爲鄰居已經有些時日了。一開始，看到她帥氣的丈夫和可愛的孩子，以及佈置得井井有條的溫馨小窩，覺得她定然是一個幸福、滿足的女子，甚至在心中暗暗地羨慕著她。但是相處久了，發現似乎有些地方不對勁，她並不像我想像的臉上總是洋溢著幸福的笑容，相反地，她經常時不時地流露出些許的疲憊和無奈，身上總是透露著一種厭煩、消極的情緒。

有天夜裡兩點我肚子疼得起來上廁所，突然發現她家的燈居然還亮著。心中難免覺得怪異，都這時候了，她怎麼還不休息？

第二天，我問她怎麼那麼遲了還不睡。她笑笑說自己正在忙公司裡的一個企劃案。我大吃一驚，那麼晚了還忙公司裡的事情。她說沒辦法，得先把孩子哄睡了才能開始工作。

原來她每天都是這樣安排的：早上做好早飯，然後就去上班，上班期間只忙工作的事情，哪怕自己再厭煩，也要牢牢地把自己按在辦公椅上，不能讓自己有絲毫的放鬆，要不然工作完成不了，就要耽誤她照顧家裡的時間。然而，總是這麼強迫著自己，逼著自己，很多時候總是因爲情緒不佳影響工作，只好利用晚上等孩子和丈夫都睡下時，犧牲自己的睡眠時間來彌補。

她指著自己紅腫的眼袋對我說，她每天都是強打著精神上班，別提多累了。有時候工作著突然就會睡著，這種情況已經被上司看到好幾次了，加上老是拖延工作，她覺得自己今年的獎金肯定是要泡湯了。

孩子和丈夫對她也不滿意，說她只顧著工作，不會好好照顧自己這個家。

我問她，想過改變這種生活嗎？

她說當然想過，一直一直在想，但是出路在哪裡？根本無從下手，不知道自己該如何改變，覺得一切都很難，她也只好任由自己在這種生不如死的生活中繼續掙扎。

做女人做成這樣確實挺可悲的，時間被嚴重擠佔，生活卻毫無起色！但是，妳們別幸災樂禍，她可不是個案喔！現實中像她這樣的女人太多、太多了。

而妳是否也一樣呢？有沒有什麼妙計能讓自己走出這樣的困境？

分割妳的時間

其實若能將時間利用得好，妳完全可以活得比別人成功、精彩、豐富，當然這要妳改變思路懂得分割自己的時間做事，這可不是件容易的事情喔！

一、妳要明確各個時間段，做什麼事情效率最高。下面是一張表格，妳可以參考這張表格為自己的一天做具體的安排：

時間	特點
上午9點～11點	**這段時間的短期記憶效果好，妳可以做那些需要「強記」和馬上要考核的工作，可達到事半功倍的效果。**

正午13點～14點	**這時的人體容易疲勞，可以讓自己適當地休息一下，聽聽音樂，放鬆放鬆，但是休息的時間最好控制在半個小時左右。**
下午15點～16點	**這段時間的長期記憶效果非常好，可以做那些需要「永久記憶」的事情。**
傍晚17點～18點	**這段時間是完成複雜計算和比較消耗腦力的工作，比較難的事情可以放在這個時段來解決。**
晚飯後	**這個時間比較充裕、放鬆，可以安排工作、學習，或者把難易的事情交替著進行。**

二、對自己不想做或排斥的事情，不要逼著自己非得在某一時段完成，可以把這件事情分割，安排在自己心情不錯的時候，再一點一點地完成；

三、不要判自己的時間死刑，非得規定自己在一段時間內做一件什麼事什麼的，根據自己的心情、狀態調整，找到最佳時間來做一件事；

四、可以用數量分割法，把要做的事情按數量劃分成幾部分，比如一件很棘手的事情，妳可以分三部分完成，並且都安排在注意力比較集中的時段。

每日坐擁百小時：索取、購買別人時間

現代人開始對「時間」、「效率」這樣的字眼情有獨鍾，因爲它們能爲我們帶來高品質的生活，更何況「珍惜時間，高效率的工作生活」已經成爲了這個時代的呼喚。

面對飛速增長的生活水準，女人的工作不能丟；家庭是休憩的港灣，不能不打理；孩子是未來，不能不教育……於是，她們開始像陀螺一樣地開始旋轉起來，想和閨中密友喝杯咖啡聊聊天——沒時間！孩子已經苦苦哀求好久的動物園——沒時間！自己期待的電影終於上映了——沒時間！想好好地讓自己睡個懶覺，給自己放個假——沒時間……她們大聲疾呼：「誰能給我多一點時間啊！」就這樣，踏出家門的女人，白天和男人一樣在外面工作，晚上回到家裡發現家裡需要做的事情一樣都沒少，只是自己的時間更少了，只是自己更加的無奈疲憊了！

然而，看看另外一種女人：她們在下班的時候不用急匆匆地趕回家忙家務，而是悠閒地和同事喝著咖啡；孩子去公園的要求從來不會因爲「沒時間」被拒絕；週末總能和老公去享受兩人世界。羨慕嗎？是的！

爲什麼同樣身爲職場女性，在家庭與事業上她可以那樣地悠然自得，而自己卻累死累活充滿著無奈和疲憊？是她有三頭六臂？是她能力比自己強？是她辦事效率比自己高？不是，都不是，只是她比妳聰明，懂得有些事情不用自己親力親爲。

有位同事可是個大忙人，和她相處一年多，別說是喝咖啡，就是女人之間的逛街、聚會都很少有。每次約她，答覆都是某某事還沒有完成，眞的沒時間。那一次說好了一起喝咖啡，結果我在咖啡廳裡等了她將近半個小時，她才打電話過來說來不了了，家裡的一大堆事情還沒做完，抽不出時間了。我只好無奈地笑笑表示理解。

有一天她對我說，同樣是女人，同樣有家庭和事業，我怎麼會有這麼多的時間來享受這一份閒暇呢？哪像她，忙完了工作忙家庭，其實家庭和工作哪有忙完的時候，不過是自己忙得四腳朝天，累死累活，然後第二天接著忙。

她眞羨慕我們這些下完班就可以喝咖啡的女人。

不僅如此，在工作上她也覺得我們完成得比她快，比她效率高。每次當她好不容易完成一個任務時，回頭看看我們早已經坐在那裡閒聊了。

她很納悶，她覺得自己能力並不比我們差，但是時間怎麼就比我們少了，不夠用了？

我對她神祕一笑，告訴她這其中是有些訣竅：要懂得索取、購買別人的時間。我沒有三頭六臂，一個人不可能在短時間內做完那麼多的事情，但是有別人幫忙的話，情況就大不一樣了。當然這一切的基礎就是，要學會統馭他們以及時間，讓他們在妳的掌握中達到妳預期的目的，自己也可以節省更多時間去做更多的事情。

比如我的家務一般都是請鐘點工做的，因爲那些事情太耗費精力，我可以去做其他更有意義的

事情，另外一些簡單、瑣碎的工作也是下屬幫我完成的。

她不可思議地望著我說：「這樣也行？」我點點頭回答她：「當然可以！」並鼓勵她試試。

一個星期後，她神采飛揚地出現在我面前，很諂媚地送上了一束鮮花，說是要謝謝我，她按照我說的去做了，現在有大把大把的時間可以和我們閒聊、學習、探討了。當然我爲她的變化感到高興。

窮忙的女人們，學學她吧！如果透過他人可以讓自己的生活更加地輕鬆悠閒，何樂而不爲呢？女人們，如今是商品經濟，什麼都可以成爲商品，包括時間。

所以，別再傻傻地什麼事情都試圖事必躬親一手包辦了，時間無價，如果能爲自己購買到時間，讓自己從忙亂中解脫，有時間享受生活，爲什麼要拒絕這樣的好事呢？

索取、購買別人的時間

他人的幫助是高效率的最大潛力，是從繁瑣生活中解放自己最有效的方法，女人啊，千萬要好好地加以利用喔！

一、現實生活中，不要把自己定位死，妳不是天生的保姆、工作狂，妳也需要時間來休閒娛樂，要懂得為自己爭取更多的時間；

二、可以把自己的工作委託給別人，把別人可以處理的事情分派出去，最好授權給那些比妳有經驗、效率比妳高的人，這樣既讓自己放心，又節約了自己的時間；

三、只做自己可以應付的問題。一個人畢竟能力有限，不可能什麼事情都應付得來，如果非要為難自己和不擅長的事情較勁，那只會浪費時間和精力，結果往往一事無成；

四、家務方面可以請鐘點工打理，這樣就不用讓自己每日應付那些永遠做不完的瑣碎工作，可以擁有更豐富的生活。

化零為整：把別人忽略的零碎利用起來

有句經典廣告詞：「一天，有多少時間留給自己支配？」也就是說一天二十四小時裡，有多少時間妳可以自由支配。也許有些人會說：「每天的時間都被睡眠、家務、工作佔盡，哪還有什麼自己支配的時間？」

眞的是這樣的嗎？不盡然吧！

那爲什麼同樣是二十四小時，妳光上班、睡覺、吃飯就把時間用得一分不剩，而另外一些人卻可以在同樣的上班、睡覺、吃飯中處理一些基本事物，連帶玩樂都綽綽有餘？

現實生活中，總有些人對時間的流逝表現得很麻木，對一生看得很重，卻對一分鐘或一小時看得微乎其微。確實，在人整整一生中，一分鐘、一個小時根本算不上什麼，於是，人們就隨便地揮霍，無所顧忌地浪費：離下班還有半個小時，反正工作完成了，就讓自己看看無聊的八卦吧；等的車還有一個小時才到，只是讓自己在街上毫無目的地瞎逛，不就是一小時嘛；閒聊幾分鐘吧，只是幾分鐘的事情……在這種麻木的支配下，白白地扔掉一分又一分，一個小時又一個小時，庸庸碌碌地度過一天又一天。可是人生就是由這一分鐘、一個小時組成的，那些不斷流逝的無所事事的分分秒秒就是我們不能承受的生命之輕啊！

當自己的「沒有時間」和別人的「綽綽有餘」形成鮮明的對比時，親愛的，妳是否知道了自己

的問題出在哪裡？其他女人不會分身術，更不會創造時間，她們的「綽綽有餘」祕訣只有一個：「化零爲整」，把別人忽略的零碎利用起來。

現在就讓自己停下來好好想想，是要重視、充分利用那分分秒秒，還是要繼續忽略那一分一秒？如果妳選擇了後者，那麼妳活該要成爲一隻庸碌的窮忙兔，只是窮忙、窮忙、再窮忙！

有次，我無意間一瞥，發現表妹又在聊天。

我對她說趕緊先工作，她非常不屑地看了看我，說我是討厭的管家婆，不過才幾分鐘的事情，不會耽誤多少時間的。我對她說分分秒秒都很珍貴、都要珍惜。她不耐煩地對我擺擺手說都是老生常談，她都聽到耳朵生繭了。看著她那頑固的樣子，我便不再多說什麼。

是的，我表妹是一個時尚漂亮的都會女性，很灑脫瀟灑，但是對時間她也是同樣的灑脫和瀟灑。上班的時候，隨便和同事打打鬧鬧，或者打打電話、發發簡訊，在她眼裡不過幾分鐘的事情；她可以爲買一件衣服，花上一整天時間逛街；每個週末早睡晚起，不過一個上午的時間而已……她還特別頑固，別人說什麼都聽不進去。來這個城市已經兩、三年了，除了養活自己外，一事無成。

一天，她無比沮喪地和我說，她發現自己過得很狼狽，同樣是上班，很多人卻比她活得精彩、有意義，公司年會獎勵永遠沒有她的份，可是自己好像整天又被一些亂七八糟的事情壓得喘不過氣來。

我只好沒心沒肺地說她活該，如果她對時間不這麼慷慨，能重視比如等公車、等人、飯後工作

前的休息……等等零碎的時間，也許就不會這樣了。

她還是非常不屑地說，那不過是幾分鐘的事情，最多也是幾小時的時間，能有什麼影響？

看著她再次擺出這樣的態度，我非常無奈地笑著對她說，正是這些在她眼中不過幾分鐘、幾小時的時間，奪走了她的時間，人生能經得起幾次這樣的幾分鐘幾小時啊！如果再不學會好好利用的話，眞的只能在「沒有時間」裡碌碌無爲了。

親愛的，先別嘲笑我表妹的頑固不化，像她這樣的大有人在，她們對時間的慷慨最終也讓時間遺棄她們，讓她們處在忙亂中，卻毫無作爲。

妳是否也一樣呢？在妳遺棄時間的同時，妳也將成爲時間的棄兒。

所以，停下自己的步伐，好好地想想如何運用好我們生命中珍貴的點點滴滴，讓每分每秒都產生價值！

充分利用零碎時間

不積跬步無以至千里，當眼看其他人活得比妳精彩的時候，並不是她們智慧超群，或時間更多，只是因為她們懂得怎麼樣利用時間，把每分每秒都用在了刀口上！

一、要給自己列一個大概的時間表，做到對自己一天的時間分配一目了然。在時間表裡列出和估算吃飯、睡覺、上班等時間，然後除去這些主要的時間，看看自己還有多少零碎的時間可供自己支配；

二、對這些零碎的時間要有足夠的重視和規劃，不要把它們看得無從輕重，可有可無，要知道零碎時間運用得好，可以為自己贏得更多的時間和精彩；

三、利用這些零碎的時間來做雜務或學習。比如可以在公車上學習英語聽力，在走路的時候做好今天的工作規劃，飯後休息的時間看新聞……這樣才是真正有效地利用了生命中每分每秒。

斬草除根：將每一個問題解決乾淨

「糟糕，上次的事情還沒完成啊，現在我哪有時間顧其他的？」

「怎麼辦？我什麼時候能從這件事情中解脫啊，好煩！」

「天啊，怎麼有這麼多沒做完的事？」

……

太多的人在未完成的事情中苦苦掙扎了！

看，眞是美妙的一天啊！風和日麗，起床後，雄心勃勃地想要開始嶄新美好的一天，但是，剛剛開始忙自己想做的事情時，一個電話過來了，老闆已經在催那個自己做了一半的企劃案了；已經計畫好了和好友去野營的，東西都已經打包好了，才想起來工作還差一點沒完成，結果沒做完的工作和家務，佔據了整個休假；想放鬆一下壓力，看場電影來慰勞慰勞自己的精神世界，結果剛點開電影網站，好友就發簡訊過來問請我幫忙的事情做好了嗎？無奈，只好關掉埋頭奮戰那做了一半的事情……

每天都要這樣被未完的事情纏繞，今天的時間被佔據，無法專心投入自己新的事情當中，只是又把新的事情變成了未完的事情，繼續佔據著明天的時間，而自己處在這樣無休無止的時間侵佔中，耗神費時、沒有效率、心情灰暗，成就容顏不過是明日黃花，只有凋零的份。

想要活出精彩和從容，怎麼能過這樣的日子！

那麼，親愛的妳，知道該怎麼解決嗎？能允許事情這樣一再地拖延影響後面的工作嗎？這樣工作可就沒效率可言了，只是白白地消耗自己的寶貴時間和生命。

女人們，不能再因爲自己的心情不佳，就不繼續工作；不能再因爲別人的一個電話，就放下手上的事情；不能再因爲種種小藉口就允許自己不完成今天的事情。

所以，妳想好了嗎？想好要對每一個問題斬草除根、解決乾淨了嗎？如果妳還沒想好、還不採取行動，那麼妳活該在生活中窮忙，深陷黃臉婆行列，成不了「白骨精」，成不了「品味女」。

聰明、漂亮的她大學畢業後找了一份不錯的工作，剛開始，我著實爲她高興了一把，相信憑她的條件及優越的工作環境，三、五年內一定可以給自己掙得一個錦繡前程。

然而，三、五年過去了，她不僅沒等到她的錦繡前程，反而等來了老闆的最後通牒，這個月內如果不好好工作，就收拾行李走人。

我很納悶，怎麼會這樣呢？是她能力太差嗎？我見她做什麼事情都非常地有主見、有想法，成果也很漂亮啊！是她不會討老闆歡心嗎？也不是，平時她禮貌周到，逢人就點頭問好，很有親和力。是她得罪什麼人了？她說她和同事的關係非常不錯，大家都挺喜歡她的——那問題到底出在哪裡？

有次，趁陽光明媚，我和她約好了要去野餐。當我來到她的房間，她居然在電腦前忙著工作上

的事情。她說是前天沒做完的一個銷售案，老闆剛才打電話來催了，她要馬上趕出來，野餐只能泡湯了。我眞是非常無語！

我問她經常這樣把今天的工作留到明天嗎？她不好意思地點點頭。她說每次當她要開始做一件事情的時候，才想起以前做過的一件事情還沒完成，沒辦法，只好先做未完的事情，結果答應人家今天做完的事情又要推到明天了，大家都覺得她辦事效率太低。要不是看在她平時努力好學的份上，老闆早就讓她打包走人了。

其實，這樣她自己心裡也很不好受，總是不能痛痛快快地做完一件事，老覺得時間被擠佔。她早已許久沒體會到完成一件事情時的輕鬆和愉悅了。她也想改掉這個毛病，但是不知道從哪裡入手，感覺一切都好難，這個月不知道自己能不能撐得過去。

大家是否為這個漂亮、聰明的女人可惜不已？誰能想到曾經因為心情煩躁或一時偷懶，而不願去完成的一件事情，會讓自己的生活如此的被動和疲憊，丟失了原本該屬於自己的輝煌和燦爛，只剩一個灰敗的明天了。

妳是否也一樣呢？妳會對妳手頭的事情斬草除根，讓自己走出這樣的困境嗎？

對一件事情斬草除根

想要做一個活得漂亮的女人，就要學會將每一個問題都漂亮解決乾淨，絕不拖泥帶水。女人們，道理淺顯，但是做起來可不是容易的喔！

一、要時時刻刻對自己有心理暗示，特別是當自己流露出不耐煩的情緒不想做事情時，一定告誡自己「做好、做完每一件事，哪怕加班也絕不把今天可以完成的事拖到明天」；

二、拒絕拖拉懶散。很多人渾噩度日，拖拉懶散，這種不負責任的態度，最終傷害的只是自己，只會讓自己在紛繁無序的事情中無法自拔。要讓自己勤奮，勤懇起來；

三、對要做的事情進行具體分析，充分瞭解，分析實施方案，預先估算好時間和實施效果，並嚴格按照自己估算的時間操作；

四、把精力用到正等著妳做出決斷的事情上，經由前面的分析，選擇最佳的途徑去實施，這樣才可以事半功倍；

五、會懂得調整自己的心態和情緒，不讓自己受到負面情緒和不好的狀況的影響，進而影響到妳手上工作的完成。

減免衝動：它是埋葬妳時間的魔鬼

「衝動是魔鬼」，這是人人都知道的一句話，但是很多女性朋友還是非常地年輕氣盛，衝動行事，任性起來她們才不怕任何的魔鬼。也許衝動那一刻，魔鬼確實奈何不了妳，但是衝動過後可就是魔鬼的天下了，所以它就要對妳狠狠地報復。

因為一時衝動辭職了，結果只是讓自己這麼多年的努力付諸流水；頭腦一熱，一時衝動，在什麼都還不清楚的狀態下，開始了創業，不過是拿錢打水漂；一時衝動，口無遮攔得罪人，結果在以後的日子中得不到幫助，還有數不清的麻煩，晉升加薪無望……衝動可以使妳剎那間前功盡棄、功虧一簣，完成由在天堂的路上到下地獄的轉變，一切又要費時費力地從頭打拼。

衝動，生理學定義是神經受到刺激引起的興奮性反應，日常所言的衝動多指理性弱於情緒的心理現象。當一個人衝動的時候，往往什麼都聽不進去，這是正常的，也就是在這個時候容易說些過激的話，做些愚蠢的事情。

要知道，衝動它帶給我們的不是飛蛾撲火的燦爛，假如妳能讓自己冷靜三分鐘，妳會發現：魔鬼就在妳的身邊微笑。

有些女人衝動是天生如此，有些則是受到了後天的影響，比如自己父母的處事方式、自己的生活環境及應對突發事件的能力等。無論是先天還是後天，有了衝動就相當於是時時刻刻在和魔鬼為

伍，時時刻刻會讓自己前功盡棄，浪費時間。

別再羨慕別人的成就和輝煌，別再羨慕別人的從容和悠閒，這些原本妳都可以擁有的，如果妳還是不能掐死衝動這個魔鬼，那麼活該就要與魔鬼爲伴，一步一步滑下地獄的深淵，成爲別人成功的陪襯甚至反面教材。

打開自己的衣櫥，她驚訝地發現居然有那麼多的衣服自己都沒穿過：那條牛仔褲是專賣店特賣活動時買的，一次都沒穿過；這件白色的外套是今年最新的式樣，爲了買第一件，她可是排隊排了好長時間，結果就穿了一次；那幾條七分褲，因爲便宜一下買了四條，結果因爲沒有合適的上衣搭配，一次都沒穿；還有那件綠色的小衫、那條碎花裙子……天啊，都是衝動的結果！

她是我見過最衝動的女人，頭腦一熱，想到什麼就做什麼，根本不顧慮什麼後果。

經過三年的努力打拼，她終於成爲公司的部門主管，終於成功地觸摸到了屬於自己的一番天地，但是在一次會議上，她居然輕易地被嫉妒她的一名女同事激怒。

怒髮衝冠的她竟沒識透對方的險惡用心，當場大發雷霆，指著對方的鼻子破口大罵，不僅讓在座的同事們驚訝不已，更是斷送了自己的一次晉升機會。更讓人匪夷所思的是當她得知自己無法晉升時，居然衝動地辭職了。

辭職後，心高氣傲的她覺得憑自己的實力找個工作應該不是什麼問題。但是兩個月都過去了，還沒找著合適的工作，那些高不成低不就的工作她看不上，又不想再從基層開始奮鬥，她已經耗不

起那個時間和精力了，然而馬上就是年底，工作更是難找，她這才開始著急了，糾結了，鬱悶了，後悔了……

她是異地戀，經常兩地來回地飛，在本市租著房子，男朋友那邊也租著房子，如今，她背著雙重的房租，工作壓力、經濟壓力幾乎讓她喘不過氣來。

前兩天，給家裡打電話，當媽媽問她工作找得怎麼樣了，錢夠不夠用，要不要給她寄點錢時，當場她就哭了。但是哭有什麼用，魔鬼已經開始了它的報復。

她可不是我杜撰出來的喔！現實中像她這麼衝動的女人可是大有人在，她們衝動起來，可不管什麼魔鬼不魔鬼的，先做了再說，結果只是事倍功半，讓自己深陷悔恨、自責當中不能自拔。

妳是否也一樣呢？如果妳不能夠控制自己的情緒，一味地衝動，那妳真的要停下來好好想想如何讓自己擺脫衝動這個魔鬼的控制了。

殺死衝動的魔鬼

想要讓自己不後悔，不讓自己的努力白費，不讓時間白白流逝，女人們，衝動可謂百害而無一利啊！不過想要克服可不是簡單的事情喔！

一、即時轉換環境。當妳覺得情緒即將失控的時候，趕快讓自己換一個環境，這樣妳的注意力和精力也會跟隨著轉移的，進而讓自己平息，能夠冷靜下來思考問題；

二、要懂得推遲憤怒。當某一件事情強烈刺激到妳，令妳就快要爆發的時候，要懂得先給自己降降溫，比如可以對自己說：「給我三分鐘，三分鐘我再發怒。」然後在心裡默數，往往也在妳默數這三分鐘的時候，自己的理性慢慢地回歸了；

三、和人交流。在自己不生氣的時候，和身邊的人聊天，聽聽對方最容易發怒的事情，給自己一個警醒；

四、去描述自己的感覺。當自己情緒激動的時候，可以試著把注意力放在身體感覺上，比如感覺自己的心跳、臉色、呼吸等，進而順利地轉移自己的注意力；

五、讓衝動在運動中消失。心理學家發現運動是最有效消除憤怒的方法，尤其是戶外活動。所以，讓自己做些運動，如登山、騎車、游泳等，讓自己的情緒得以宣洩，讓衝動和汗水一起淌逝。

第五章

凡「事」有先後

◎把同類的事情，特別是那些看起來很小但做起來卻很耗時的事情，妥善歸類，很多時間就可以因此省下來了。

◎在工作的時候要懂得預留時間，不要把時間算的太死，沒有週轉迴旋的餘地，因為在工作中難免遇到一些突發的小事，需要妳即時地去處理，預留好了時間才不會耽誤妳的工作；

◎在做一件事之前，要時刻在心裡暗示自己，不能拖延、不能偷懶，要全神貫注一心一意地去做，爭取做到「當時事當時畢」。

有時候，我眞的很難相信怎會有人一整個星期抽不出短短的幾個小時來放鬆自己，做一些自己能力所及的事，是眞的那麼忙嗎？是經營著好幾家公司還是照顧著好幾個家庭？

看看那些女人吧！每天頂著熊貓眼掙扎著起床了，好不容易化好妝後，眉毛鬍子一把抓什麼事情都著急著去做，在毫無規劃的情況下，結果只是越忙越亂，白白地摧殘著自己的時間和容顏，讓自己看起來慘不忍睹，活像個遭遺棄的小怨婦。

著名管理學家維科曾經把工作按照重要和緊急兩個不同程度進行了四個「象限」的劃分：把人事危機、客戶投訴、財務危機等事情劃入既緊急又重要當中；把建立人際關係、人員培訓、制訂防範措施等事情，劃入重要但不緊急當中；把電話、不速之客、會議等事情，劃入緊急但不重要之中；最後把無聊信件、個人愛好、網路八卦等事情，劃入既不重要也不緊急象限中。

也許有人要嚷嚷了，這樣眞是太麻煩了，劃分這些事情還要浪費不少時間啊，才不去做這些無用功！

但妳錯了，這絕對不是什麼無用功。想把自己從無序的忙亂中解放出來，這絕對是最好的方法。也許分成四個，什麼緊急不重要，重要不緊急，確實讓妳頭疼了，但是如果分成三個，像是非常重要、普通重要、不重要呢？這樣是不是簡單明瞭了很多？要知道時間就像好鋼一樣，是要用在

刀刃上的，應該把自己的精力放在非常重要和普通重要的事情上，當這些事情都解決了再考慮那些不重要的，而不是什麼都想做，什麼都做不好。

所以親愛的，先讓自己停下來好好想想，是要給事情一個次序，還是打算繼續無序地瞎忙亂？如果妳選擇後者，那麼妳活該是沒有效率、沒有成就的「無序公主」，永世不得翻身了！

我對這個好友非常地無語，天天在翻箱倒櫃地瞎折騰，三、五年的時間已經過去了，還沒折騰出個什麼像樣的東西，反而讓自己日益疲憊和蒼老。我不得不對她友情提示：再這麼下去，她馬上就要淪爲花見花敗、人見人煩的黃臉婆了。

沒想到面對我的友情提示，她倒是心平氣和，只是有點無奈地說她也是沒辦法，太多事情要做了，又理不出個頭緒。

我開玩笑地對她說，再忙她能比大前研一忙嗎？人家經營著好幾家公司，還堅持經營管理的諮詢工作，每個月還得完成十幾篇稿子，每年要出好幾本書，忙不忙？當然忙！但是人家依然可以準時下班，可以在公司宿舍走廊上烤秋刀魚，可以在海邊玩砸西瓜遊戲，可以週末和妻子去兜風，可以去世界兩百多個地方玩潛水……

不可能！她根本不相信我說的，她說，如果是她絕對做不到這些，早就給忙死、累死了。

我對她說，人家是有祕訣的，要不然怎麼能成爲管理大師。他把自己日記本中的排程按其重要程度用顏色做記號，比如非常重要用綠色標記、普通重要用黃色標記、不太重要用紅色標記。然

後，再根據三色管理的日記本進行自己的時間調整。她可以學學這個方法，把自己的事情好好地歸類一下，再根據這些歸類來安排工作。

她聽了，猛地撲上來親了我一下，說我的話對她真是醍醐灌頂，從這一刻開始，她知道自己該怎麼做了。望著歡呼雀躍的她，我相信她一定可以用「三色管理」管理好自己的生活和工作的。

無序公主們，妳有沒有發現像她這樣在現實生活中缺少規劃、盲目工作，沒有效率、沒有成就的女人們眞的是太多，太多了！

妳是否也一樣呢？嘿，不要再讓自己陷在雜亂無章的境地，現在開始也試著用色彩來組建妳的生活次序，並在這樣的次序中，鹹魚翻身，獲得升職、加薪、休閒等等的「大滿貫」。

三色管理

女人要想獲得精彩的生活，必須給自己一個次序井然、時間充裕的世界，然而，這可不是一件容易的事情喔！裡面有很多小訣竅需要妳們注意了。

一、妳不妨學習一下大前研一把日常事情按著其重要程度用顏色做記號，當然顏色可以隨自己的喜好挑選，不一定要按著他的綠、黃、紅，最主要的是妳自己選的顏色自己一眼就明白事情處在哪個重要度；

二、按著「三色」進行時間調整的時候也進行徹底。要懂得把那些不重要的事情毫不留情地砍掉，實在太忙，還要懂得把魔爪伸向那些普通重要的事情，努力去砍伐；

三、當事情被砍伐的差不多時，就要動手量身訂做自己的工作日程了。這裡一定要把非完成不可的重要事項放在最前面，優先完成。比如大前研一再怎麼忙也一定會把休息日安排給孩子，其次就考慮海外出差，然後才是公司的重要活動、例會，再有時間就安排一些採訪、洽談；

四、要做到未雨綢繆。有些事情很重要，但是不要妳急著去做，這就要妳安排好時間，建立一個預約，以免到時候時間被其他事情佔據，進而有效地開展工作。

一次性做好同類事情

大家有沒有這樣的感覺，去圖書館借書，很容易就可以找到自己想要的那本書，同樣的道理，去超市買東西也一樣，總能很快就找到自己想要的東西，因爲一包泡麵妳絕對不可能在家電的貨架上找到，因爲所有同類性質的商品都被歸在了一起。

妳們有沒有從中受到什麼啓示呢？就是這樣：把同類的事物安排在一起，尋找起來可以節省很多時間。同樣的道理，把同類的事情安排在一起也可以大大地節省時間。

但是，不是所有人都知道這一點的。大家工作辛苦了一天本來就心情煩躁，加上家務瑣碎，更是煩上加煩。

比如，就有很多的女性朋友爲買菜煩惱，匆匆忙忙地下班，趕回家裡提了菜籃子就奔赴市場，經過一番精挑細選後，又要火急火燎地回家做飯，然後做著做著才發現忘記買醋或者鹽用完了，於是又要急急忙忙出門一趟，傍晚的時間幾乎就是這樣手忙腳亂度過了，等菜上桌，孩子老公早已餓的沒食慾了。

那聰明的女人會怎麼辦呢？其實，大家每天上班的路線是非常固定的，如果好好利用的話，在上班的這一個來回當中就可以把買菜、買鹽等這些小事解決掉的。

聰明的人會爲自己的記事本專門預留一個空間，當家裡沒鹽、沒醋的時候就記到記事本上，下

班回來再從菜市場上將一切買回來，這樣就不用爲了一包小小的醋或鹽，再次辛苦奔波，浪費時間了。

所以說，把同類的事情，特別是那些看起來很小但做起來卻很耗時的事情，妥善歸類，很多時間就可以省下來了。

親愛的，別再瞎忙了，好好地想想是要選擇一次性做好同類事情，還是繼續選擇雜亂無序地爲人處事？千萬別選擇後者喔！那樣的話，妳活該就要比別人活得更費時費力了。

前些天，由公司的合作，我見到了我的大學好友，她的到來給了我意外的驚喜。我們公司打算和她的公司一同攻克一個技術難題，來贏得現今市場的絕對優勢，在激烈的競爭中殺出一條血路。如今的她已經是這家大公司的高級主管了，風光無限好。

她說既辦了事情，又見了老同學，眞是一舉兩得啊！沒想到這麼多年了，她還是和從前一樣，對時間的態度還是那麼地嚴謹、一絲不苟。

大學的時候，她的成績一直都是名列前茅，而她的學習方法就是像圖書館給書籍分類一樣，給自己的學習分類。比如大二那年她同時考過了國家英語六級和劍橋商務英語，她認爲這兩個考試非常的相似，所以花了一年的時間把它們一起搞定了。

工作後，她總是把一些零散的事情放在一起解決，例如把列印、影印、整理檔案這一類的事情放在一起完成。不僅工作上，生活中也是如此的，她會一次性拖好地、洗好衣服、整理好房間；需

要打的電話，放在一個時段裡一次打完……她往往比其他人有更多的時間，很多時候我都非常羨慕她的辦事效率。

這幾天的合作，我發現她總是在同一時間給客戶打電話。

我問她爲什麼要集中在同時間打呢？她說因爲給這些客戶打電話，談話的內容都差不多，同時去做，可以讓自己的思維保持一致，這樣就不會因爲臨時要和陌生人談話而出現開頭三分鐘不知道說什麼的尷尬了，可以極大提高妳的電話效率。

她現在的生活仍舊會先爲事情分類，相同的事情集中完成，計畫安排的井井有條，爲她自己節約、爭取了不少時間，我眞是佩服這個職場「白骨精」。

如果想要喝咖啡的時間，想要逛街的時間，想要旅行的時間……還猶豫什麼，她就是妳最佳的學習對象。

妳的生活可以和她一樣的高效高產，別不相信喔！

同類事情一次性做好

時間就像海綿裡的水，擠一擠還是有的。當然，一個聰明的女人就要懂得該怎麼去擠這個時間了，説起來簡單，做起來可不容易喔！

一、在妳制訂計畫的時候，要充分考慮到各個事情的關聯性，把那些具有相似性的事情合併、安排在一起，把同類事情寫在一起；

二、學會工作分批處理。比如妳要打電話，那麼就把其他同類性質要打的電話一起打完，這樣不會因為電話而停下原本手上的事，浪費時間；

三、可以把現實很零碎的一些小事放在一起處理，比如像列印、複製、資料搜集等，這些不會佔太多時間和精力的瑣事，做得快或慢，完全取決於妳的熟練程度，安排在一起完成，會讓妳在熟練中提高速度；

四、具有關聯性的，或可以在同一時段完成的事情，要盡可能地安排在一起。比如，這週妳需要外出兩次去辦事情，那麼妳就可以和公司商量，把這兩件事放在同一天辦理，這樣兩項計畫就精簡成一項，可以很快地完成。

統籌，贏取工作狀態的「MYTIME」

妳家來了客人，妳要給客人泡茶，而泡茶需要準備茶葉、洗茶杯、煮開水，這三件小事妳會怎麼處理？

有些人可能耐不住了：「這還不簡單，準備茶葉，然後洗茶杯，再燒開水，按順序來不就行了嗎？」可是聰明的人卻不會這樣的選擇，她們會先煮開水，在煮開水的同時，洗茶杯和準備茶葉。

別看做的順序不一樣，差別可大了，後一種的做法至少可以爲我們節省十幾分鐘的時間，甚至更多。所以，會不會統籌自己的時間，意義就在這裡。

我們來看看會安排做事次序的女孩子是怎樣的。早上起床之後，她要先發會呆，其實她是在想這一天的時間安排，然後事情就得一件一件有板有眼、有次序地進行。

比如，早上起床就必須遵循刷牙、洗臉、看新聞、早飯的習慣，然後出門上班，坐公車就只是坐車，頂多在車上發發呆，上班的時候，煮咖啡就是只是煮咖啡——每件事情都涇渭分明，井水不犯河水。

轉過身再來看看別人，當妳還在一心一意地煮咖啡的時候，人家已經查好資料過來倒咖啡了；當妳還在兢兢業業地等待著老闆對下一個工作的安排時，別人已經學習了一個工作小技巧……

所以，如果妳總是比別人慢半拍，如果妳總是比別人少做點什麼，如果妳總是比別人沒時間，

不要太悲觀，其實妳可能只是不會統籌自己的時間。

我沒想到和她分別數年後，會這樣在街頭與她重逢。見到她後眞的印證了那句話「士別三日當刮目相看」，如今的她再也不是在大學時那個迷迷糊糊忙得到處亂撞又找不到方向的迷糊妹了，人家現在可是了不得了，是ＸＸ知名大公司的經理。

老同學見面當然高興，更要好好聚聚，回憶回憶過去、述說述說這幾年的經歷什麼的。只是我很納悶，她居然可以有大把大把的時間和我一起泡酒吧、喝咖啡。一般大公司的經理雖不能說日理萬機，但是「日理千機」絕對是有的，時間管理就尤爲的重要了。

但是她既沒有分身術，和別人相比也沒有什麼特殊的本領，怎麼就那麼有時間這麼悠閒地和我閒扯呢？我非常地好奇。

要知道在大學時，她可是有名的「沒時間」、「死腦筋」，想叫她出去打會乒乓球，她說正在洗衣服；要她一起去唱歌，她說要去圖書館看書，好幾門功課還沒複習呢！

我問她，她的這個經理是不是掛名的，要不然怎麼這麼清閒？她很不屑地看了我一眼，然後不疾不徐地說，大公司的總經理可是十分忙碌的，一個接一個的會議，不停的工作彙報，永遠響個不停的電話……既要思考公司的長遠大計，又要聚精會神地關注公司裡面的營運瑣事，還要和客戶溝通、接受媒體採訪等等，不忙才怪。她之所以有空閒和我喝咖啡，是因爲她對時間管理有方，爲自己爭取了很多時間。

我很好奇地湊上去問她怎麼管理自己的時間？

她回答說：統籌時間。原來有一次她看到自己的姐姐總是一面聊天、看電視，一面織毛衣，就大受啓發，突然領悟到不必百分百集中精神的事情，可以一起完成。

於是，她經常就在吃飯的時間聽取員工的彙報，在休息的時候以聊天的方式和員工探討公司的發展計畫……就這樣，她讓自己的時間服服貼貼地聽自己的話，再也不是大學那樣被「沒時間」給捆綁的死死的。

這可不是鮮例，現實中確實有女人很會統籌自己的時間，把自己的生活安排的井井有條風風火火，比其他女人活得瀟灑精彩。

看到這裡，深陷水深火熱無序生活中的妳，是否受到了一些啓發？

一時多用，統籌時間

要想活得有序精彩，統籌時間不失為一個有效的方法，說得簡單，但是實際操作起來就沒那麼簡單了，女人們可要看好了！

一、要統籌好工作和家庭的時間。無論是工作還是家庭都是我們必不可少的，在這期間就要妳懂得統籌，會合理安排時間，比如可以在自己工作休息的時候和家裡人打電話、囑咐事情，或在家裡一邊做家務的時候一邊思考自己的工作計畫等；

二、學會統籌和學習的關係。要想取得進步，必須需要學習。在工作中妳依然可以學習得好，比如，妳可以利用和別人工作這個機會向別人請教，或挑戰一個高難度工作，讓自己從中獲得知識和經驗等；

三、會統籌日常工作的輕重緩急。凡工作都有輕重緩急之分，要區別對待，先擱置那些輕、緩的工作，等有其他閒暇時間再去做，集中精力先完成那些重、急的工作；

四、會統籌工作和休閒的時間。很多人早就知道要勞逸結合，但還是只顧忙亂忘記「逸」了，妳可以在長時間工作中停下來，讓自己聽聽歌，想想、安排好其他需要自己忙碌的事情，放鬆一下自己的神經，在工作中有張有弛，事半功倍。

「兩分鐘」優先原則優在哪裡？

「喂，美女，趕緊先回個電話吧！」她在那邊對著埋頭工作的妳大喊。

妳頭也不回地說：「沒時間，沒看到我正忙著？」

「回個電話不過兩分鐘的時間啊！」

「沒時間就是沒時間！」

……

於是，妳這個時候沒時間，等有時間的時候就是浪費時間了！

有些女性朋友也許不以爲然了，認爲我這是在胡說八道，打個電話不就兩分鐘的事情，有必要

說得那麼嚴重嘛！然而現實生活中有多少兩分鐘的事情：

為老闆沖一杯咖啡；

到隔壁辦公室取文件；

給XX安排一下工作；

打一個回訪電話；

去廁所；

……

處理不當的話，這兩分鐘事情又佔據了我們多少時間？現實中又有多少人因爲這樣兩分鐘的事情，活生生地浪費了多少寶貴的時間：明明抬一下手兩分鐘就可以搞定的事情，非得等到自己空閒的時候再來處理，結果賠了更多的時間；只要動動嘴皮子，兩分鐘就可以說明的問題，非得等到所謂忙完了再處理，結果誤了時機不得不解釋得更多……

要知道，兩分鐘基本是一道時間分界線，如果妳不能對兩分鐘內可以做完的事情馬上採取行動，那麼妳對這件事情進行歸檔保存的時間，遠遠地超出了當妳第一次發現這個問題時就動手解決所需要的時間，也往往因爲貽誤了時機，需要妳更加費事費力地去解決，往往也把妳弄得疲憊不堪。

所以，當妳總是要爲一件兩分鐘的小事喋喋不休或奔波勞碌時，妳就要好好地問問自己是否眞的有效地處理好了這兩分鐘的小事？如果沒有，那麼妳當然會爲了一點的小事奔波勞累，當然比別人活得沉重！

她是一個自由撰稿人，不用受上下班的時間限制，有著大把大把的時間供自己支配，我特別的羨慕她，總是幻想著自己什麼時候也有她那樣的自由，完全活在自己的時間裡。

不過，一段時間後，我發現事情並不是我想像的那樣的，她很自由，但似乎也特別地忙，特別疲憊。這讓我百思不得其解，她每天只是寫個三、四千字的稿子，這對她並不是什麼難事，也佔據不了她太多的時間，可是她怎麼老是在白天黑夜地趕稿子呢？問題到底出在哪裡？

這天她來敲我的門，還前天借去的拖把。她不好意思地笑笑說，本來拖完地就該還我的，當時她正在忙著趕稿子，就沒馬上還。剛才寫著寫著突然就想到了，怕我著急趕緊拿過來給我。我客氣的說讓她專門跑一趟很過意不去，她倒是很大方地笑笑說沒關係。既然她過來，我就和她閒聊起來，閒聊中我才知道她的癥結所在。

舉幾個例子妳們就會明白了：不過是給出版社回覆個電話，告訴一聲什麼時候交稿這樣的小事，她不馬上去做，而是把它擱置起來，於是，寫稿寫著寫著時突然想起了，趕緊去回覆電話，還得在電話裡解釋半天爲什麼沒即時回覆；借了東西，用完就還，不到兩分鐘的事情，她不會馬上去還，而是扔在一邊，突然想起了才去還，結果還要向別人解釋半天其中的緣由，如果馬上還的話，一句簡單的「謝謝」就足夠了；寫稿的過程中遇到合適的資料，保存一下不過幾秒鐘的事情，可是她總是立刻把網頁關掉，等到資料要用的時候又重新搜索……原本有著大把大把自己的時間就這樣活活被一些莫名其妙的小事糟蹋了，她深陷這樣的無序生活中無法自拔，縱使有再好的職業，也只是枉然。

這樣的女人太多了，她們不懂得有些事情是要馬上處理的，總喜歡把一小事擱置起來，想著自己什麼時候有時間了再處理，結果往往也讓自己爲這些小事花費更多的時間，吃力不討好。

「兩分鐘」優先

要想過得比別人省時省力同時又更精彩豐富，就要懂得即時處理好生活中的一些小事，這可不是一件簡單的事情喔！

一、在工作的時候要懂得預留時間，不要把時間算得太死，沒有週轉迴旋的餘地，因為在工作中難免遇到一些突發的小事，需要妳即時地去處理，預留好了時間才不會耽誤妳的工作；

二、兩分鐘內可以完成的事情，比如回覆個電話、請教個問題、還個東西……千萬不要拖延，因為妳已經預留出了時間，不會對妳現在手頭上的事情有太大的影響的；

三、時刻提醒自己，特別是有拖延或偷懶習慣的人，妳們可以在自己的桌面上貼張小紙條，提醒自己馬上可以解決的事情要馬上行動。

給需要做的事情「判刑」

太陽又不知不覺地滑落西山了，下班的時間到了，於是很多人收拾好東西或是匆匆忙忙地回家當賢妻良母，或是到某處赴約當知己佳人。

然而，無論什麼樣的角色轉變，都無法掩飾上班的疲憊和工作的無奈，沒有幾個人敢理直氣壯地說「我今天順利完成工作了」，不是沒有這樣的膽識和魄力，而是沒有這樣的現實和結果。

該怎麼辦呢？總不能老是這樣下去吧！

巴金森（c.Noarthcote Parkinson）的《巴金森法則》（Parkinson's Law）一書中，有這麼一段話：「妳有多少時間完成工作，工作就會自動變成需要那麼多時間。」也就是說，如果妳有一整天的時間可以做一件事情，妳就會花一整天的時間去做它；但是，如果妳只有一小時的時間可以做這件事情，妳就會更迅速有效地在一小時內做完它。

相信誰都希望可以在一個小時內做完一天的事情，而不是一天做完一個小時的事情，這樣屬於自己享受的時間就多了。

但是道理是一回事，現實又是另一回事了，很多人總是在為自己無法完成或耗費了大量時間才完成的工作煩惱不堪。她們戰戰兢兢、刻苦奮鬥地在辦公室待了整整一整天，勞心費神，但是回想一下，一天下來發現自己做事拖拖拉拉，根本沒做多少正經事，真是「往事不堪回首」啊！

當妳總是在爲原本幾個小時就可以搞定的事情加班時，當妳總是憂慮貌似永遠都做不完工作時，當妳總是羡慕別人高效高產能時，一個問題也就出現了——到底什麼導致了這一切？是妳不夠努力嗎？是妳不夠靈活？是妳能力不夠？……不是，都不是，而是妳不會給妳做的事情判刑。

從現在起，別再拖拖拉拉、馬馬虎虎地對待工作了，這樣妳一定會被工作拖死累死，永世不得翻身。

認識她有一段時間了，剛開始看著她那嬌小文弱的樣子，以爲她頂多是個公司的小文員，不會有什麼大的作爲。

接觸不久後，無意間問起她的職業，居然是一家大公司的老闆，我大跌眼鏡，怎麼也無法把她和女強人聯繫起來，更何況我還沒遇到像她這麼清閒的女強人。她到底有什麼魔力可以管理好一家公司，安排好自己的時間？

她說，剛創業的時候，看到很多上班族，其中還包括一些大公司的ＣＥＯ，他們總是因爲沒有時間，不得不把很多事情留在第二天處理，而第二天往往也是從處理「遺留問題」中手忙腳亂地開始一天的工作。

當時，她就想她絕不能這樣，這樣只是在浪費時間和生命。

她說，做爲企業最高的決策者，不應該握有大量未處理的問題，凡是上報給自己的事情都要即時處理，因爲問題一天不處理，必然影響第二天整個公司的工作，所以自己不能成爲影響公司工作

的瓶頸。

而她一般都是在晚上睡覺之前確認這一天所有的E-mail，書面資料都在規定的時間內處理完了。當她開始做一件事情的時候，總是先嚴格規定了時間，並要求自己必須在這個時段完成。她不僅這樣要求自己，也這樣要求自己的員工，於是公司上上下下工作效率都特別的高。

她說自從她給自己要做的事情嚴格規定了完成期限，把自己逼到一定極限後，她發現很多問題都可以在規定的時間內完成，甚至提前完成了，這樣她就不用白天黑夜地泡在公司，而是擁有了足夠的時間來享受公司外的生活。

那麼，妳作爲自己人生最高的決策者，是否也有著她這樣的覺悟？人都有著惰性的，很多時候需要逼自己一把，這樣才能發揮出自己的潛能，贏得更高的效益。

嚴格規定完成期限

做一件事情的時候，嚴格規定完成期限，是創造時間的手段之一，可以讓我們擁有很多屬於自己的時間喔！

一、在做一件事之前，要時刻在心裡暗示自己，不能拖延、不能偷懶，要全神貫注、一心一意地去做，爭取做到「當時事當時畢」；

二、估算時間。為自己要開始的一件事情，估算一下時間，看看需要多少時間需要完成，並要求自己努力在自己預想的這個時間內完成；

三、在做的時候，不要兩天打漁三天晒網，要堅持下去，並且遠離外部的干擾，比如如果不需要手機和網路，那麼關掉手機和網路，會讓妳更加高效；

四、如果這件事情按照自己預先想的那樣完成了，要懂得適當地獎勵一下自己，比如獎勵自己看一部電影，或一杯好咖啡，或一首好歌，用這種愉悅激勵自己；如果這件事沒在規定的時間裡做好，就要適當地懲罰自己，比如，罰自己不能午休，罰今日晚一小時下班等，進而時刻提醒自己；

五、要合理安排時間，不能超出自己的能力範圍外，讓自己太勞累，這樣就適得其反，達不到效果不說，反而會讓自己陷入一種消極的情緒裡，不利於以後的工作。

所有事物都有一個永久歸屬

不知道妳們是不是經常為了找自己的筆、本子、包包、圍巾之類的東西，把家裡整個翻了一遍，頗有孫悟空大鬧天庭的架勢，結果往往是在妳決定放棄的時候，那東西就默默出現了，躺在一個不起眼的角落，像一個調皮的孩子正惡作劇地看著妳的著急和狼狽，讓妳無奈無語。

怎麼？以為我在胡說八道？那讓我們來看看現實那些忙得團團轉的朋友們吧！不怎麼會整理自己的東西，把手中的東西隨便往什麼地方一放便萬事大吉，等自己真正需要的時候，麻煩也就來了，看看她們到底在為什麼而忙：

「煩死了，怎麼在這關鍵時候又找不到剪刀了！」

「筆！我的鋼筆在哪裡？天啊，筆啊，妳到底在哪裡？！」

「那份檔案明明就放在桌上，怎麼突然就找不到了，老板正等著要呢！真是急死人了！」

……

忙碌、著急不是為了工作，不是為了做事，也不是為了解決問題，而是為了找東西！覺得可笑嗎？然而事實就是這麼可笑和無情——事情本來就多，時間壓根兒不夠，可是偏偏在這個節骨眼上，面對著自己凌亂的辦公桌或房間，找不到這個找不到那個，真是讓人抓狂，總是要花上大把大把的時間來找那些小東西，越著急那些東西還越會和妳捉迷藏，讓很多人欲哭無淚。

看來亂放東西眞是害死人啊！

所以，當別人總能馬上找到自己需要的東西，而妳卻要幾經地毯式地搜索而浪費了大量時間才能找到時，眞該停下來好好想想，怎麼才能第一時間清楚、準確無誤地把它們給抓出來？方法就是給這些小東西一個永久的歸屬。

如果妳做不到這一點，那就活該在無序的生活中充當著窮忙的「無序公主」。

我以前的一個室友，除非是迫不得已我不會進她的房間。說起她的窩，像個盤絲洞似的，走到哪都可能被凳子絆倒或碰到雜誌、書籍，更鬱悶的是有一次我往她床上一坐，居然被繡花針給戳到了！我不明白，她怎麼就不能把自己的東西也收拾得像自己的外表一樣呢？

有天晚上，她快午夜了才拖著疲憊的身軀緩緩地挪向自己的房間。

我有點擔心，以爲她出了什麼事，趕緊過去看看，原來她是在公司加班到這麼晚。前幾天老闆交給她一個任務，要她好好收集以前的市場分析資料，她花了兩天才整理好，列印出來，本來想馬上給老闆的，沒想到老闆出差去了，要她過兩天再給他。

於是，她把那些資料隨手往自己亂糟糟的辦公桌上一扔，便埋頭其他事情了。老闆出差回來，要她拿資料給他。結果她花了近一個小時翻遍了辦公桌也沒找到。只好對老闆撒謊說有個資料錯了，需要重新計算，資料要明天才能給他。老闆嚴厲地看了她一眼，便不再說什麼，這已經不是她第一次延誤工作了。

沒辦法，當其他同事都輕鬆愉快地下班時，她只好繼續在辦公室裡埋頭苦戰，雖然說做過一次輕車熟路，但是還是需要花費很多時間。

然而更可氣的是，當她經過一天的摧殘花容凋謝、精力耗盡，馬上就要完工的時候，不小心碰落的一本雜誌裡居然掉出了那份資料，她當時心裡眞恨啊！

現在，她信誓旦旦地對我說，她絕對要改，一定不能再這麼「凌亂」下去了。

相信經過這次「慘痛」的教訓，她一定會汲取教訓，好好改正的。

妳是否也一樣呢？不要再吃時間的虧，趕快行動起來，給自己的事情找一個永久歸屬，讓自己隨時隨地都可以輕而易舉地把它們抓出來吧！

給所有事物找一個永久歸屬

給所有事物找一個永久歸屬，其實就是將各種物品歸屬到一個固定的地方，不亂放，也就不會為了尋找浪費大量時間。當然，要做好這一點不是容易的，其中可是有很多小訣竅喔！

一、給物品分類。比如面對著家裡各式各樣的物品，妳可以把它們大致分為日常用品、書籍、體育用品、廚具、玩具等幾大類，並把同類的東西放在一起；

二、為各類物品找到合適的放置地方。比如妳的化妝品都可以清理到一個小包包裡，固定放在妳的梳妝檯上，像剪刀、螺絲起子等常用的工具類的東西，妳可以放在一個隨時可以找到的抽屜裡……

三、東西歸類固定放好後就不要輕易再挪地方，更不要再隨手亂扔了，要養成哪裡拿放回哪裡的好習慣，等妳下次再用到這些東西的時候，就可以很快找到了；

四、辦公桌的整理。在公司屬於妳自己的空間也許就是那一公尺左右的辦公桌了，辦公用品要放好，重要的文件用專門的文件夾夾起來放在文件架裡；完成的工作、未完成的、未來要做的，分門別類地整理清楚；而自己的私人物品盡量不要放在辦公桌上，可以找一個抽屜專門放置。

第六章 有念頭，才有起跑點

◎有句老話說的好：「好記性不如爛筆頭。」，用手機、記事本、電腦等等，隨時隨地做好紀錄，記下必須做的事情，記錄一些經驗教訓、必要的資訊、生活常識。

◎等人也需要技術，如果妳能充分利用好等待的短暫時間，那麼妳就能為自己贏取更多機會，活出更多的精彩。

◎待人接物態度要熱情、真誠，不要讓人覺得妳是冷若冰霜不好接近的「老巫婆」，這樣不僅不利於妳工作的展開，更是讓妳在他人心中留下不好印象，影響妳今後的發展。

上班前幾個小時叫醒妳的興奮細胞

很多人喜歡睡懶覺，無論是上班還是沒上班，總認爲工作只能留給上班時間，眞的是這樣的嗎？

當我們每天早上殺進人山人海的上班路線，不知道大家有沒有注意到，當妳站定，好好地觀察身邊的人，會發現：每個人都滿臉憔悴、毫無朝氣。當大家走出擁擠的人潮奔向上班地點的時候，早已筋疲力盡、疲憊不堪、憂心忡忡，所有人都在低頭看地面，沒有一個人是抬頭挺胸、精神抖擻的。

到了公司，還不能進入工作狀態，不過是在朝九晚五的規定上班時間裡，裝模作樣地工作，白白地浪費著早上寶貴的時間，結果加班又沒有任何加班費可言，一天下來被美其名日的「工作」佔據著大量的時間，於是面對朋友的邀請、情人的約會、閨中密友的Party……只好遺憾地說：「抱歉，我太忙了。」

到底是什麼導致了妳今天的這一切？是妳擁有的和可利用的時間比別人少？是妳的工作方法不對？是妳工作效率太低？……不，都不是，而是妳不懂得上班前幾個小時叫醒妳的興奮細胞。從早上八點開始就能完全投入到工作狀態中的人實在太少，而早上五點到八點這段時間，是頭腦最清醒、思維最敏捷、干擾最少的時候，利用這段時間好好工作一下，不僅可以減輕今天的工作量，還

可以讓自己一整個早上保持輕鬆、愉快的情緒，工作起來更是事半功倍。

我認識的一個美女，時尚漂亮、夜生活豐富多彩，曾經讓身邊的很多女人羨慕嫉妒。但是時間一久，大家發現她現實的生活並不是像她的夜生活那般的光鮮亮麗，她不是每天頂著熊貓眼有氣無力地去上班，就是常加班到夜深人靜地回家。

問她爲何這樣，她總說工作太多。其實不是這樣的。她喜歡泡夜店，喜歡狂歡派對，經常玩到深夜回來，然後第二天在迫不得已的情況下掙扎著起床，迷迷糊糊地去上班。到了公司後很難進入狀態，往往是強撐著在工作。於是當天的工作無法完成，只好晚上再加班，加完班再奔赴夜場，如此週而復始、循環往復，且不說熬出黑眼圈什麼的，整個人一整天都是萎靡不振的。

我勸她好好改變一下自己的生活規律，可以試試每天早上五點開始工作。她很不屑地說，有病的人才早上五點開始工作，工作放在上班時間裡就行了，她又不想去當什麼工作先進分子。本來屬於自己享受的時間就少了，這樣一來豈不是更少了。

我反問她，像她那樣經常加班到很晚，難道屬於自己的時間就多了嗎？照樣不是侵佔自己的時間，侵佔且不說，更是讓自己疲憊不堪。想想她工作這麼多年來，加過薪升過職嗎？若想成爲職場「白骨精」，就要告別這種消極的工作心態和時間安排，早上時間自己精力充沛，幾乎沒有干擾，所以每一天、每一週、每一個月的工作目標，都可以利用高效率的早上時間一一去完成，提前進入這一天的工作狀態。像美國的上班族，即使不屬於工作狂，他們大多也都早早地起來，然後七點左

右在公司附近的星巴克或可麗餅店邊吃早餐邊讀報紙。這段早餐時間成爲調整新一天的開始，等他們到辦公室的時候就可以以輕鬆、愉悅的情緒進入工作狀態。

親愛的，妳們呢？是不是像她一樣有著消極上班的心態，不懂得利用好早上寶貴的時間，提前讓自己進入工作狀態？現在調整過來，爲時不晚。

上班前幾個小時叫醒妳的興奮細胞

一、告別「工作只能在工作時間裡完成」的消極心態，因為能否運用好早上的時間，是能否成為職場「白骨精」的關鍵；

二、拒絕不好的生活習慣，每天堅持早睡早起，一般早上五點到九點這段時間是非常寶貴的，人的頭腦在這段時間中也很清醒，做事會有效率多了，不要在被窩裡浪費了；

三、早到公司半個小時，比較少有人打擾妳，妳可以制訂一天的工作計畫，或準備當天的工作資料，或研究一下工作上的技術難題，做好這一切，等別人到公司的時候，妳早就進入工作狀態中了；

四、要堅持這樣的習慣，而不是一時興起，執行了兩天就不幹了，或什麼時候想起了才那麼早起一天，這樣不僅對妳沒有什麼實質性的幫助，還會擾亂妳的生理時鐘，得不償失。

手機、手掌、電腦都是妳的記事本

有些人已經養成丟三落四的習慣，並把它發展成了頑疾，雖然經常被家人說教，但是還是改不了，甚至索性破罐子破摔，不費那個心思去改正了。

眞的無法改變了嗎？其實不然。

有句老話說的好：「好記性不如爛筆頭。」用手機、記事本、電腦等等，隨時隨地做好紀錄，記下必須做的事情，記錄一些經驗教訓、必要的資訊、生活常識……還眞別說，這一招挺有用的，這也是笨人所用的最好方法，在早有準備的情況下，絕對不會慌亂了手腳的。

當然不是說馬虎的女人才需要記事本的隨時記錄，其實這是一個很好的習慣，會讓我們節省很多時間，讓自己的生活變得從容、便捷、豐富。加上現代科技的發達和普及，手機上有備忘錄或記事本，電腦也有專門的軟體來充當妳的「記事本」，絕對可以做到隨時隨地地記錄自己的點點滴滴、收集資料、寫備忘、做計畫……在妳做事情的時候，可以即時的提醒，即時的補充，眞是省時省力。

這次偶遇童年時候的玩伴，讓我非常地高興。看著功成名就、漂亮大方的她，再想想自己手下那些整天嘰嘰喳喳、迷迷糊糊的女人們，心中不免感慨萬千，女人和女人之間的差距怎麼就這麼大呢？而她能取得今天這樣的成就，也著實讓我嚇了一跳，因爲她以前可是有名的「迷糊小妹」，做事情總丟三落四，拖拖拉拉。

看到我狐疑的神色，她假裝生氣地說我認爲她的公司是偷來搶來的。我急忙說不是，只是怎麼也無法把一個「迷糊小妹」和當今的這個時尚編輯聯繫起來。

她笑著說，曾經她的丟三落四確實讓她吃了不少虧，浪費了不少時間，不過笨人有笨辦法，爲了克服自己的這個毛病，她在自己的包包裡放了一本記事本，遇到什麼重要的事情、重要的資訊、突然的感觸時，就隨手記下來，即使就幾個字，但是就這幾個字已足以讓自己記起一切。還別說，用了這個記事本後，無論是在雜誌上還是論壇上、部落格上，打字的素材居然多了起來，不再像以前那樣要費時費力地去收集什麼創作素材了。原先沒有記事本的時候，她走在外面或半路上看到個什麼事、聽到個什麼話，當時非常的有想法，但是總是因爲沒有即時記錄下來，過了也就忘了，工作上，想寫個東西老覺得沒素材，沒內容可寫，自己曾經要寫的事情是什麼，曾經斟酌的語言文字更是忘到爪哇國了。很多靈感是突如其來的，不即時記下，消失了也就再也尋覓不回來了。

時間久了，寫筆記成了她的習慣，現在隨便打開她的手機、電腦、筆記本，甚至有時候她的手上，到處都密密麻麻地寫了很多內容。也正是憑著這些筆記，她的稿子總是比其他同事完成得快，也更有內容，榮升爲了公司裡的第一編輯。

親愛的女人們，讓身邊的東西都成爲自己的記事本吧！隨時隨地地記錄一些資訊，才不會到要用的時候或做的時候才急急忙忙地找，浪費時間和精力。

巧做便簽筆記

要做一個做事從容、高效率的女人，運用好「記事本」是一個好辦法，但是裡面有很多小技巧需要所有女性朋友們注意喔！

一、面對著日益物質豐富的今天別再以為「記事本」只能是小本子，妳身邊的手機、ipad、電腦，甚至自己的手，都可以成為妳的記事本，怎麼方便怎麼來，到時候就不用花很多時間去找記事本了；

二、記錄的內容可以是自己的疑問，或一時的靈感、想法，或遺憾的地方，或重要的資訊……最好能把這些內容分門別類，方便日後查詢，比如妳可以把資訊分為事件類、材料類、感想類等；

三、記錄的時候不用花太多的筆墨去具體描述，那樣只會浪費時間，其實妳只要寫下足以讓自己記住一切的幾個關鍵字就行了；

四、懂得運用網路記事本。每個現代人都要和電腦打交道，當妳瀏覽網頁遇到有用的資訊或有什麼感想想趕快找個地方記下來時，不用再慢吞吞地打開紙本的記事本，使用瀏覽器上的「加入最愛」，一切都可以搞定的，讓妳更省時省力。

要把等人變成一項技術

在我們每天的工作和生活中，有些時間是連續的，妳可以在這一段時間裡集中做好幾件事情。比如，晚上休息可以連續七、八個小時進行，上班可以從上班那個點到中午休息。但是有時候我們卻會發現自己的時間常常被弄得非常零散、雜亂的，比如等車、等人。

仔細想來，等待是貫穿每個人生命中自然發生的一個現象，每個人都不可避免，只是對不同的人，等待的次數不同，等待的時間不同，等待的方法不同。那麼，妳會如何應付這樣的等待呢？

說好是十點到，人家有事來電說要遲到一個半小時。那在這一個半小時裡要做什麼呢？不是戴著耳機聽著歌乾等著，就是在車站附近走馬看花，或隨便找個人瞎聊，就這樣一張嘴、一晃悠，一個半小時就這樣無聊乏味地過去了，抖擻昂揚的精、氣、神溜走了大半。這樣被動、無奈的等待，純粹是在消磨自己的時間，好像慢性自殺，但是又有多少人意識到這一點？

親愛的，妳這一生要等多少人，爲了等待花掉多少時間？這麼多的時間裡妳能做多少事情？爲什麼不把等待變成是自練內功、成就人生輝煌的艱苦砥礪？

認識她的時候，她不過是小公司裡的一名普通得不能再普通的接待員，每天只是在辦公室裡乾坐著，等待那些即將到來的大客戶或重要長官，只是我沒想到一年之後再見她，她居然跳槽到了一家大公司當起了人力資源部的主管。

一個小小接待憑什麼可以做到這一切？我百思不得其解。有天剛好遇見她，聊天過後才知道事情的原委。那天她和以往一樣安靜地在辦公室裡看著一些資料，等著一會兒馬上就要到來的大客戶。客戶如期而至，她急忙微笑讓座、倒水給客戶，而讓對方留下了良好的印象。當正事談完的老闆去備份合約的時候，客戶便與她閒聊起來。沒想到她居然對客戶的資訊那麼瞭解，把客戶公司目前的市場狀況分析得八九不離十，不僅如此，還提出了一些非常中肯有用的建議，不禁讓客戶對她刮目相看。當客戶看到她辦公桌上那些英語資料和行銷教材時，對她更是大加讚揚，並當場記下了她的名字和電話。沒想到第二天，客戶就打電話過來問她要不要去他的公司上班。就這樣，她成功地由小公司的小接待員，華麗變身爲大公司的高級主管。

看到我流露出的羨慕神色，她笑笑說，這不是她運氣好，是她努力的結果。原來她和其他接待員不同，其他接待員當公司通知他們有重要客戶要來的時候，他們也只是乾坐乾等著，但是她會問清是什麼客戶，並在等待的時候上網查查客戶的背景和喜好，對其有個基本瞭解。如果客戶要遲點來，她就拿出隨身攜帶的行銷教材學習或背英語單字，絕不乾坐著讓時間白白地流逝。剛開始有同事嘲笑她傻，接待是個輕鬆的工作，沒必要那麼跟自己過不去，該清閒的時候就好好地清閒清閒，但是當她被大公司挖走的時候，再沒有人認爲她傻了。妳們看，等人也是一項需要技術的工作，如果能像她一樣能充分利用好等待的零碎時間，妳也可以爲充實自己，爲自己贏取更多的機會，活出更多的精彩。那麼，親愛的，還猶豫什麼呢？趕緊掌握好等人這項技術工作吧！

充分利用等人的這點「小時間」

社會競爭日益激烈，如果想讓自己過得比其他人有成就、更精彩，那麼即使是一點點時間都不能忽略，特別是等人的這點「小時間」，有時候「小時間」恰恰能成大事喔！

一、最好計算好時間，不要讓自己去得太早更不能遲到。去得太早，在吵雜的環境中容易產生焦慮、煩惱等不良情緒；

二、可以事先做好一些準備，比如給自己準備一個ＭＰ３，隨身攜帶一本書，或一份來不及看的報紙，到時候就有備無患了；

三、如果等的是陌生人，或自己的客户，可以在去等人的路上瞭解一些問題，比如自己要等的這個人的背景、喜好、成就等，對其做個大致瞭解，以便更好的溝通交流；

四、在等的過程中，如果時間還充裕，則可以背英語單字，複習其他自己正在學習的東西，或思考工作中的難題該怎麼解決；如果時間比較短，則可以聽幾則新聞，或給朋友發幾封簡訊，聯絡一下因為工作而日益疏遠的感情，或簡單地計畫一下今日的行程安排。

出差中廣建人脈網

出過差的人都知道那眞是苦差事，千里迢迢從一個熟悉的地方來到一個陌生的地方，吃陌生的食物，睡陌生的床，看陌生的風景，見陌生的人，一切都不是自己所熟悉的、習慣的，身心備受摧殘，回來之後只有一個字「累」。

那麼，除了累，妳就再也沒有其他收穫了？這樣豈不是太對不起這段出差時光了？

出差的時候並不見得有多麼忙，總是有時間去領略領略當地的風景，認識認識當地一些精英，可是有些人可不是這樣的，也許是出於害羞的天性，或天生的冷漠或優越感，當工作交代完或考察、學習完之後，便只會把自己關在旅館裡，足不出戶，回來的時候除了一身勞累和無聊便什麼都沒有了。

幸好還有些聰明的女性朋友，在忙完正事的時候，很樂意和當地的公司員工打成一片，結識他們，和他們一起工作、一起玩鬧，還會經由他們再認識更多當地的成功人士，廣建自己的人脈網，使自己在以後的業務發展中取得先機和便利。

因此，當妳形單影隻地晃蕩在陌生的城市時，當妳在陌生的地方只感到勞累和無聊時，當妳的業績和人際關係總是差她一截時，到底是什麼導致了妳的「慘敗」，是妳的能力不如她？是妳親和力不夠？還是妳不夠機敏、幽默？……不，都不是的，而是妳忽略了出差中的潛在人脈，辜負了時間對妳的期望。

好友大學畢業後，由於各種原因只能去一個普通小鄉村當老師。我每年只是在她放假的時候才能見到她。而她來城裡的時候，總是會捎上一些鄉村的時令鮮果給我們這些姐妹，然後再從城裡帶些新鮮東西回去給鄉下的朋友。我們都很喜歡她，她善良大方，能玩、會玩，和她在一起總是讓人感到很快樂。只是我常常替她可惜了，那麼優秀的一個人怎麼就成了鄉村女教師。雖然形象很光榮，但是終究覺得有點委屈。

一次學校派她到城市裡學習新的教學理念，在坐火車回城裡的路上，坐在她隔壁的是一個五十多歲的老婦人。路程中，這位老人突然發起燒來，非常地難受。她起身幫助老人聯繫車上的醫務人員，向車上的乘客索取退燒藥，並且爲其換降溫的濕毛巾，扶她上廁所……來來回回折騰了許久，她不僅不抱怨，還把老人照顧得無微不至。在她的照顧下，老人總算安然無恙，爲了表示對她的感謝，老人記下了她的聯繫方式。

沒想到一個月後，她這位在鄉下任教的國小老師居然被調到城裡的教育局招生部門工作，不久後她又成爲了辦公室主任。她原本已成定局的命運，怎麼突然之間來了一個大轉變？原來關鍵的原因是那個老人，她怎麼也沒想到她無意間照顧的老人，居然會是市長的母親。

羨慕我的這個好友嗎？人這一輩子的機遇是沒有定數的，也許一個人就可以改變妳的一生，關鍵是妳能不能在自己的旅途中抓住妳生命中的貴人。

出差中廣建人脈網

要想比別人成功，成為別人眼中的極品女人，人脈必不可少，而出差更是廣建人脈的一個契機，要懂得好好利用喔！

一、不要把自己孤立起來，認為自己是來自大公司，或自己只是小公司的小職員，和身邊的人非常不一樣，而不去接觸他們，只是機械地完成自己的任務，這樣妳將一無所獲；

二、在異地待人接物態度要熱情、真誠，不要讓人覺得妳是冷若冰霜、不易接近的「老巫婆」，這樣不僅不利於妳工作的開展，更是讓妳在他人心中留下不好印象，影響妳今後的發展；

三、不要拒絕別人。比如，當別人熱情地邀請妳加入他們的KTV聚會時，妳就放下自己的矜持和他們好好瘋上一把，不僅可以贏得他們的好感，更是方便了自己的工作；

四、經由身邊的人認識當地的一些成功人士，那些成功人士很可能是妳生命中的貴人，也許會成為妳的大客户或人生導師；

五、運用好名片，不僅給別人發名片，更是要向別人索取名片，未雨綢繆，日後也許就用得上這些名片了。

把一趟旅行當成一堂重要的人生課

如今旅遊有個時興的說法——行走，而有此愛好並樂此不疲的人則自稱爲「驢子」，意思是自己像驢一樣負重流汗流血地行走，並且廣交天下「驢友」。雖然很自嘲，但是旅行已經成爲了當今人的一種生活方式。

用那些人的話說：「旅行，有時是一段愛的冬眠，心的針灸，是逃避，是夢想，是重生，是沉澱，也是一塊擦掉心碎的橡皮擦，即使擦不掉愛的往事，總可以清出一點點的空白吧！」照這麼說，旅行成了一堂重要的人生課。

確實，那些大自然的美景可以愉悅心靈，使人充分感受到美的享受和情感的昇華，也可以加強我們對世界的認識，開闊自己的眼界和世界。

可是我們怎樣旅行的呢？好不容易從百忙中抽出了一個星期的時間，可以到自己嚮往已久的景點好好地陶冶陶冶自己了，不過是走馬看花，取些典型景觀，照些照片證明自己來過了；大吃大喝，美其名曰充分瞭解當地人風土民情；出手闊綽大買所謂的紀念品，顯示自己的富足和優越……用一句話概括就是「上車睡覺，下車拍照，定點尿尿，舉旗報導」，一趟旅行下來，不過是費力費錢折磨自己，眞是對不住這好不容易抽出來的一個星期的時間。

有人說：「旅行，不就是尋歡作樂嗎？有必要說得那麼玄嗎？」現在的人每年都有旅行的機

會，很多公司更是把旅行當成了員工的一項福利，旅行時間往往少則幾天，多則半個月一個月，而妳的人生又有多少這樣的幾天和半個月，一味地尋歡作樂，看在表面、活在表面，豈不是辜負了時間的一番美意！

到法國旅遊期間，我遇到了她。來自相同的國家，難免就走得近一些了。她約我到她的旅社裡小坐了片刻，我當然高興。聊著聊著，她拿出了厚厚的一疊照片給我看，照片上，在那些景點前面她都笑得燦爛。

不過她確實有理由笑得燦爛輝煌，能出國旅遊可不是一件簡單的事，很多人還是沒有這個條件和時間。

看完她的照片，她拿過我的相機，邊看照片邊疑惑地問我怎麼都是些景物的照片，怎麼不照自己？我說那些景很漂亮，自己站上去就擋住了，可惜。

她不可思議地看了我一眼，轉而說起了她在國內的一些旅遊見聞，她說等回國了，一定讓我好好看看她的那些照片，全國各地的都有，還有她買的一些紀念品，可漂亮啦！個個價格不菲。

我只好恭維她說眞幸福，可以去那麼多地方。她很得意地又謙虛說自己是隨著旅行團瞎逛。我問她去了那麼多地方，有沒印象特別深刻的？她想了想回答說，沒有什麼特別深刻的，感覺到哪裡都是一樣，一大早起床，跟著團走，到了一個地方就拍照、買東西，然後再跟團回賓館吃飯、睡覺，準備第二天的行程。

由於在法國還有兩、三天時間，我便約她第二天去巴黎附近的一個小城裡逛逛，我對她說在歐洲小城市的魅力遠遠超過大城市，非常的別緻、有個性。

沒想到她搖了搖頭說她來法國是爲了羅浮宮、艾菲爾鐵塔來的，如果沒有這兩樣東西，巴黎在她眼裡和上海差不多，隨團旅行，這些都安排好了，再說人家還把衣、食、住、行全都安排了，多省事。聽她這麼說了，我便不再說什麼。

我知道現在越來越多的女性朋友很看重旅遊，但是如果像她那樣的話，還是不去的好，那只能浪費時間浪費錢財，除了給自己帶來一個個膚淺的顯耀資本和勞心勞力外，一無所獲。

妳是否也一樣呢？別再糟蹋時間賞賜給妳的旅行機會喔！把旅行看成一堂重要的人生課，從中受益多多吧！

上好旅行這堂人生課

一、擺正對旅行的認識，旅行不是蜻蜓點水地到過一個地方就是旅行了，旅行的目的是為了心靈上的一次享受和情感上的昇華；

二、最好選擇自助旅遊。跟團旅遊也許很便捷，但是妳所接受的東西就很被動了，而且自己的時間被限制得死死的，根本體會不到旅行時那種自由、愉快的感覺，在嘈雜的人群裡也無法讓自己真正用心去體會身邊的事物；

三、做好周密的旅行計畫，事先要制訂時間、路線、膳宿的具體計畫，帶好地圖、旅遊書籍及必需的行裝（換洗衣物、藥品、衛生用品等）。另外，一份旅遊保險，也是出遊的一個必備因素；

四、不要走馬看花，旅行的目的是愉悅身心、增長見識，如果每到一地而不去細心觀察鑑賞當地的風土，則失去了旅行的意義；

五、旅行是為了愉悅身心，不是為了買東西，別再流連於那些所謂的紀念品店了，外面的風土人情遠遠比那些東西來得更有價值、更有紀念意義。

慢一點是為了更快一點

在頻繁的催促聲中，動作快的、腦子靈活的人很快就把工作做完了，然後詢問上司還有什麼別的事要做，然而檢查她們的工作的時候，總是會發現這個問題、那個問題，不得已只能再花時間改正或重做；動作慢的人呢？在別人頻頻的催促中，同樣地也在心裡催促自己快一點，結果太過慌張，這個搞不定，那個也搞不定，反而更慢了，追不上其他同事的節奏，於是乎，反正已經慢了，無所謂了，就不趕了，於是越來越慢，落下的工作就像滾雪球一樣越滾越大了。

也許很多朋友會覺得這是一種無奈，畢竟現在的業績評估，很大程度上只是取決於結果。爲了最大、最快地追求結果，很多人做事的時候根本不會先花點時間去考慮一下如何才能把事情做好，生怕比別人起步慢，馬上迫不及待地投入工作，然後事情做到一半才發現一開始採用的方法不正確，繼續下去只會走進死胡同，迫不得已重頭再來，結果還是爲了求快，不假思索，一再的做錯再來，浪費了很多的時間和精力。就好比龜兔賽跑中總跑錯路的兔子，只是在岔路上亂跑浪費著時間，而烏龜則可以悠閒地在終點邊喝茶水邊看兔子滿頭大汗找不到路的樣子。

生活中，往往很多東西都是相對的，很大程度上慢一點是爲了快一點，所以，當妳總是快別人一步卻無法快到最後的時候，別再一味地求快，要不然活該成爲那隻明明比烏龜跑得快卻要被烏龜恥笑的兔子了。

剛認識她的時候，我很欣賞她雷厲風行的作風，後來才知道，她在一家廣告公司當設計師，她最大的特點就是「快」，交給她的任務總是能很快完成，但是錯誤總是伴隨著速度而來，正因爲這點，她總無法獲得晉升，在公司已經五、六年了依然是個普通設計師，幾個比她晚進公司的同事早就爬到了她的頭上。

這一次，大家去老闆辦公室，老闆限他們兩個星期內拿出一個優秀的廣告設計方案，並且明確指出了，誰的方案被採納，誰將升任公司新的部門主管。高難度的挑戰，誘人的回報，大家都興奮異常，摩拳擦掌準備大顯身手一番，久無晉升機會的她更是心潮澎湃，覺得自己的機會終於來了。

爲了能讓老闆早日看到自己的方案，贏得勝利，她一回去就開始準備企劃，閉門苦思了幾天後就迅速地把方案完成了，成功搶在別人前把方案呈現給了老闆。然而好幾天過去了，老闆還不給她回覆。只是一個星期後老闆把她叫到了自己的辦公室，並拿出其他人的一個方案遞給她看。

老闆對她說，她的同事爲了完成這個完美的方案，花了一週的時間去瞭解目標企業的背景、市場需求和廣告案的主打客群，然後又花了一週的時間根據所掌握的資料進行構思創造，終於在兩個星期後完成了任務。老闆最後對她說，她是個很能幹的人，但是太急功近利了，凡事要三思而後行，一開始先花點時間把種種錯誤的可能性或可能出現的狀況考慮進去，就能避免後期執行時浪費時間地走彎路。一席話，把她的臉說得通紅通紅的。爲了追求速度和最後的結果，忽視了很多細節和可能出現的問題，做事潦草，不能善始善終，最終只是浪費時間浪費精力而已。

慢一點是為了快一點

急功近利只會事倍功半，甚至竹籃子打水一場空，女人要有效率、有成就，要懂得有時候慢一點是為了快一點，要做到這一點可不是一件容易的事情喔！

一、平穩的心態不可或缺。想要成功，好心態是必備條件，因為只有具備好心態，才能知道自己什麼時候該慢下來，放緩腳步，欣賞一下沿途的風景，思考一下接下來的打算，才能知道什麼時候又該跑起來，去追逐明天的太陽；

二、要先想後做。在做一件事情的時候，不要急著動手，一定要先使自己的心態平穩，放慢腳步、考慮周全，做到步步為營，才能使後面的執行順利，提高效率；

三、當外部條件非常複雜時，要懂得等待觀望。俗話説商場如戰場，商場上的變化莫測是人始料不及的，這種變化有可能帶到公司內部而影響妳的工作。所以，當妳的工作條件發生變化時，此時應該放慢腳步，學會審時度勢，避免前功盡棄；

四、對待精細的工作比如結算、統計等，更是需要慢一點，保證每個細小的環節的準確無誤；

五、當妳身心疲憊的時候，給自己一點時間，讓身心得以休憩，這樣才能讓自己加足馬力向前衝刺，取得更高的效益。

第七章

我的時間我做主

◎想要做到「放下」就要先做到「看破」，就是先弄清楚什麼使自己放不下，然後試著把放不下的事情給看透了，比如看透名利、財富背後的虛無和蒼白。

◎不讓家務摧毀妳的容顏。再繁忙也要懂得打扮自己，給家人一個健康、漂亮的形象，這樣妳的魅力才會永駐，才可以得到他們對妳更多的愛。

◎獨自出去旅行，去一個古典的小鎮，或悠閒自得的鄉村，跟那裡閒散的人們一起感受午後的陽光，嬉戲在各種風俗中，盡情歌舞和幻想。

懂得放下，才能收穫更多

養過金魚的人都知道金魚雖然漂亮，卻很傻，牠們不知道自己該吃多少，主人丟進多少食物在水裡，牠們都會全部吃掉，直到撐死為止。也許有些女人會因此嘲笑金魚，但是女人又比金魚聰明多少？

看看現實中的一些女人，因為虛榮，因為面子，因為心裡不平衡等等的原因，明明已經不在自己能力範圍內的事情，偏偏去計較個不停，勞心費時；明明不是自己該爭取的東西，非得耗時、耗力地去努力，結果雞飛蛋打一場空；明明不是自己該去操心的事情，卻偏偏去擔心、摻和，結果自己越忙越亂；明明不是自己該去羨慕的，結果暗生嫉妒心，明爭暗鬥，人生結束，嗚呼哀哉……

所以說，女人不比金魚強多少，甚至連金魚都不如。金魚雖然被自己的貪慾撐死了，但是牠們還有著絢麗的外表，在水中曾經有著優美的痕跡。而女人呢？不過是在「撐死」之後花容月貌不再，溫柔婉約耗盡，婀娜身段毀盡，由美女淪落為老巫婆。

好友經歷了一段失敗的感情和痛失親人的慘狀，在內心深處幾經周折和一次又一次的反覆煎熬時，終於忍受不了了，於是找到我傾訴，而且她還拿了不少水果。我知道她的情況，也明白她此行的目的，但是不露聲色，任憑她提著一籃子水果和我站著聊天。當她喋喋不休地和我談了她自己的一連串經歷之後，突然對我說水果太重了，她手很酸，問能不能把水果放下。我說那是她自己的事

情，既然感覺太重就把它放下。說完我看她還沒明白我的意圖，就接著對她說，爲什麼手覺得累，是因爲不懂放下，既然水果能放下，那麼心事爲什麼就放不下呢？她愣然地望著我。

我知道她不是一個有魄力、有擔當的女人，總是猶猶豫豫，患得患失，同時又虛榮好面子。只要是別的女人有的東西，她都想擁有，並會因爲自己無法擁有而鬱鬱寡歡好長一段時間，在這段時間裡，她情緒低落，做事效率低下，整個人三魂沒了七魄，消沉黯淡，做什麼事都提不起勁。如今一點事業基礎都沒有，只是偶爾找份臨時工，混個溫飽，大部分時間只是乖乖地在家裡待著做個小婦人。即便這樣，當小婦人的日子裡也不安分，不是瞄見誰家又買了新電器，就是看到其他女人新換的首飾，或者別人一家三口的其樂融融……這一切都讓她心裡失衡，別人有的她怎麼就不能有！抱著這樣的心態，她開始了她所謂的追求，結果是竹籃子打水一場空，白白搭進自己一大把一大把的時間，疲憊不堪，卻沒奮鬥個什麼成績出來。

我對她說，其實不是過去的事情把妳弄的這麼疲憊痛苦，也不要怪命運捉弄，其實是妳本身一直不願放下，總是幻想著還會有一絲轉機，自己還有機會，但是事實已經雷打不動地成爲了歷史，爲什麼不勇敢地去面對、去放下，去讓自己獲得新的心情和希望？

聽了我的話，她沉默良久。

現實生活中有太多的女人和我的這位好友一樣，她們不懂得放下，總是讓自己在盲目的奮鬥中浪費時間，迷失方向，迷失本性，迷失快樂，迷失自己。

「放下」是一種智慧

人生短暫，美麗更是短暫，女人要在最美的時候活出最好的人生，就要懂得放下才能收穫更多，這可不是老生常談喔！而是需要去努力做到。

一、想要做到「放下」就要先做到「看破」，就是先弄清楚什麼使自己放不下，然後努力把放不下的事情給看透了，比如看透名利、財富背後的虛無和蒼白；

二、對自己的能力、環境、毅力等等都要有正確的認識，明白有些東西不是自己該去追求的，讓自己集中更多的時間、精力和注意力去完成自己該做的或感興趣的事情上；

三、修生養性，讓自己對人生有著更深刻的認識和更高的追求，不會被身邊的名利誘惑，真正利用好寶貴的時間去創造屬於自己的美麗人生；

四、在現實生活中活出真性情，不會被別人的勢利眼、謠言、攀比等等負面東西影響，進而影響了自己的生活；

五、當意識到自己暗生妒忌心時，要時刻提醒一下自己，要多看自己的優點，用自己的優點來獲得一種優越感，打消自己的嫉妒心。

要居家就做「日本太太」

人們常說，人生三大享受便是娶日本老婆、住美國房子、雇中國廚子。確實，日本老婆的勤勞、賢慧、本分是全世界公認的。但有些女性朋友可能不服氣，好吧！那讓我們一起來看看我們身邊的太太吧！

如今的年輕女孩，做飯不會，家務不會，然而卻是沒房不行、沒車不行，總想像著自己是個萬般寵愛於一身的公主。結婚了，由公主變成了太太，卻很難完成這樣的角色轉變，把自己和家裡的生活弄得一團糟，自己更是委屈萬分。

她們每天早上一睜開眼睛，來不及洗臉漱口，馬上蓬頭垢面到廚房張羅一家人早餐。等家裡人上班的上班、上學的上學後，自己則蹬著雙拖鞋，往沙發上一靠，電視一開，往往一早上或一天的時間就這樣過去了。或者手忙腳亂地開始做家事，結果老公下班回來，一看自己的邋遢樣，和亂七八糟沒弄好的家務，暗受內傷，真覺得不該娶這樣的女人。

人說，在家裡扮演起了家庭主婦的身分，就要好好學習日本太太了，把小家和小日子經營得溫暖明亮，這樣才對得起自己投進去的時間和精力。

自從她遇到了她的Mr.Right後，就告別職場，隱退江湖，一心一意地當起了她的全職太太。當時我狠狠地羨慕了她一把，心想哪一天我也要找這樣一個人過這樣的生活。

沒想到的是，以爲結婚後正在過著幸福美滿生活的她，兩、三個月後居然找我大吐苦水。她說女人眞不能結婚啊！一結婚馬上得由高高在上的美麗公主淪落爲專業免費保姆加性工具。我說沒那麼誇張吧？她很認眞地點了點頭。她說沒結婚的時候，每天早上睜開眼睛等著她的是聽不完的甜言蜜語和鮮花，結了婚以後，每天早上等著她的就是一家人的早餐和做不完的家務，眞是勞心費神，摧殘容顏，日益失寵，現在她老公天天嫌棄她邋遢。

我對她的遭遇表示了一點點的同情，女人活成這樣也確實需要同情，耗費了時間，耗損了容顏，還吃力不討好。這可不像日本太太，把自己的小家打理的井井有條的時候，還名聲在外，成了全世界男人都羨慕的、都追捧的好妻子。她們對「家庭婦女」一詞絲毫不避諱，不僅如此，還深以爲榮，認爲好好地照顧好自己的孩子和丈夫就是一件很了不起的事情，做起家務心甘情願，等老公一下班回來，還總是一邊說「你回來了」一邊疾步迎接到門口，又是道辛苦，又是遞拖鞋、換衣服，而且她們從來都是把自己打扮得漂漂亮亮的。當然我是不指望她能像日本太太那樣對自己的丈夫如此殷勤的。

我問她既然這麼不情願居家當太太，何苦結婚受這個氣，這不過是在浪費時間做自己不喜歡做的事情。既然選擇結婚，那就盡好太太的本分，像日本女人一樣，開開心心地當家庭主婦。

向日本太太學習

一、妳要改變自己的認知，像日本太太一樣認為做家務，或為家裡做什麼事情不是犧牲，而是一件非常光榮的事情，這樣才可以調整好自己的心態，從容自信地面對家庭生活；

二、愛自己的老公，愛孩子，愛家人，會尊重他們、體貼他們，這樣才能讓自己和他們走的更近，才會真正體會到家的溫暖，才會真正覺得自己付出的意義所在；

三、不讓家務摧毀妳的容顏。再繁忙也要懂得打扮自己，給家人一個健康、漂亮的形象，這樣妳的魅力才會永駐，才可以得到他們對妳的更多的愛；

四、不抱怨，即使妳真的很累，也不要當著家裡的人抱怨，但是妳可以心平氣和、真誠地和他們交流，說出妳的心聲和疲憊，他們會心疼妳，幫助妳的。

「暗箱操作」，利用好家庭成員

很多女人總是在網路上抱怨，說自己婚前是個寶，婚後就淪落爲一根草了，任憑家裡人踐踏。婚前婚後眞的有這麼大的懸殊嗎？好吧！還是讓我們看看現實的生活，在現實生活中尋找答案吧。

結婚後的女人已經成功地由美少女轉型爲俏媳婦，光「俏」還不行，依著傳統對賢妻良母的要求，還得「巧」，要上得廳堂下得廚房。

於是，廳堂和廚房成了主婦最主要的活動場所和奮鬥目標。她們每天把地擦得可以當鏡子來用；照著一家人的口味，像變魔術般地變出一道道精美的菜餚；總有洗不完的髒衣服……一天到晚可謂轉得比陀螺還快。

可是結果呢？不過是家裡人理所當然享受著妳的服務：吃飽飯，拍拍肚子表示滿意，然後悠然下桌，留下滿桌的狼籍給妳收拾；剛擦的地，髒鞋子一踩，留下了一個個黑色印記，妳只好默默拿起拖把再奮鬥一番；自己已經被「衣服山」壓得喘不過氣了，但與妳同室而居的那些親人只是沒心沒肺地看著電視，彷彿妳是家務專用機器人……妳不由自主地想起了這段話「起得比雞早，吃得比豬差，幹得比驢累，活得比狗賤」！

所以，當妳毫無原則無奈地把自己全部的時間都用在這沒有意義的家務事中，不能安心坐下來看個自己喜歡的節目，不能和閨中密友舒心地喝個咖啡，不能和老公甜蜜浪漫一晚，還不能獲得家

裡人的感恩戴德。那麼，妳還要繼續埋頭苦幹嗎？

她有著不錯的容貌，有一個能幹的老公和可愛、聰明的兒子，在很多人眼中應該是個幸福的女人了。可是在與我的聊天中，給我的感覺並不是這樣。

她和我說，從結婚那天起，她就發誓一定要用自己的努力來經營好婚姻，讓自己愛的人幸福。但是，她為此努力了六年後到今天才醒悟，原來她有些努力竟然和通向幸福的方向背道而馳。

她每天早上六點起床，因為兒子不吃煮雞蛋，喝牛奶會拉肚子，她要早早起來給兒子煮麵後，再做兒子喜歡吃的壽司，而老公腸胃不好，她得單獨為他煲一鍋營養粥，婆婆、公公、小叔已經慣了早上豆漿、饅頭、小籠包，她又要早早出門去買。

而他們每天早上起床不過是一動不動地坐在沙發看看報紙和電視。

等家裡人都出門了，她也要提菜籃子去菜市場買菜，得挑那些新鮮的蔬菜，得有適合涼拌和熱炒的，每天的菜還不能重複了。

等老公接完兒子回家，她已經弄好了一桌色香味俱全的晚餐。

等大家都用餐完，她匆匆忙忙地洗完碗，又要接著洗衣服、打掃，準備老公和兒子第二天穿的衣服……但是儘管她每天忙個不停，家裡人不僅不幫她，還視這一切為理所當然的，對她還時不時地批評，真成了個受氣、委屈的小媳婦。

她說她很羨慕她的一個小妹，雖然結婚了，可是比沒結婚還瀟灑，家事根本不用小妹動手，老

公、孩子早就搶著做了，有著大把大把的時間來忙自己想做的事情，那日子過得才叫愜意啊！以後她會像她的小妹學習，管它用什麼手段，讓家裡人都動起來，而不是一個人累死累活地還得不到憐惜、認可。

不知道正深陷家務不得脫身的主婦們，是否有了和她一樣的覺悟？那麼，想好要怎麼哄妳的家裡人，讓他們來分擔家務爲自己贏取更多的MY TIME了嗎？

哄著家人做家務

想要做賢慧的女人，又要獲得輕鬆精彩，就必須掌握一些「暗箱操作」的方法，讓自己從繁瑣又浪費時間的家務中解脫出來，還能讓一家人其樂融融。

一、妳可以哄著孩子們來幫忙。比如，可以在他們間舉行一次洗衣服比賽，或鼓勵他們自己穿衣服、洗衣服、收拾好他們自己的東西、房間，如果表現不錯記得要給予一定的獎勵，激發起他們的積極性；

二、用撒嬌對付自己的男人。撒嬌，男人就吃這一套，讓他時時刻刻覺得妳離不開他。就說做家務，別全都大包大攬，要懂得利用妳的聲音來指派妳的愛人，比如晾衣服，妳甜甜帶撒嬌的語氣叫妳老公過來幫忙。其實只要撒嬌，他什麼都聽妳的，別太強勢，生活上的強勢會讓他覺得妳什麼都可以，反而是他依賴妳了；

三、別指責家裡人，要會做聰明的女人，不硬來，不和家裡人吵架，而是要讓他們知道妳很累，比如妳做飯就要讓他們看到妳汗流浹背的樣子，然後再溫柔地請求他們幫忙，這時候冷血動物都不會說NO的；

四、適當偷懶，比如一件事情不要急著去做，而是裝作自己正在忙別的，當家裡人看不過去的時候，他們就會自己動手了，久而久之就可以養成這樣的好習慣，可以讓自己輕鬆不少。

從「萬能太太」中解放出來

曾幾何時，男人做家務居然成了家庭幸福與否的關鍵點，很多女人也覺得有一份安穩的工作、一個溫馨的家庭，再加上一個會幫忙做點家務的丈夫就足夠了。覺悟是有了，但是行動卻是和覺悟相去甚遠，甚至相差十萬八千里。

現實生活中，很多女人不是成爲讓男人疼愛的楚楚動人、溫柔的好妻子，而是成爲了無所不能、強悍無敵，男人避之唯恐不及的「女超人」、「萬能太太」。

女人韌性、耐性天生比男人好，加上做事靈活、細膩，在很多方面可以顯示出女人特有的優勢。於是，有些女人就仗著這樣的優勢，袖子一捋，裡裡外外全都包了。

還有些女人，愛情至上，看著自己心愛的男人，捨不得他受半點苦：每天早早起床，衣服、早餐都爲他準備好好的，甚至還幫他擠好牙膏，而他只要兩眼一睜，雙手一伸，就可以萬事大吉地去上班了；老公下班回來，先把他安置在舒服的沙發上，好茶好水地伺候著，電視給他開好，他只要坐在那裡按按遙控器，等著晚飯就行了；電器或插座壞了，本是男人該動手的工作，沒關係，叮叮噹噹搜羅出工具，自己親自上陣，修完還不忘對老公炫耀一番；爲了老公的升職，自己累死累活地到處跑關係；家裡出了什麼變故，自己扛著，絕不讓家裡人擔心、難過……眞眞是無私奉獻「模範妻子」、「萬能太太」。那有沒有想過自己的追求和老公的感受？

雖不敢說每個男人都是大男人主義，但是沒有一個男人會喜歡「萬能太太」的，這樣太顯得他們「英雄無用武之地」了。

而妳放棄自己的追求，浪費時間、浪費精力去做的事情，不過是豬八戒照鏡子——裡外不是人。

親愛的，眞的要好好想想了，趕緊讓自己從「萬能」中解脫吧！要不然，妳眞的活該沒有自我、沒有幸福，不過是極端寂寞無奈的「女強人」！

她是我見過最能幹的一個女人，她可以把家裡的地一寸寸仔細地擦拭，即使穿著潔白的襪子也不會沾染上一絲灰塵；家裡的碗和鍋子，每一個都光亮得可以當鏡子來用；孩子就讀私立學校的高昂學費，是她一分一分地賺的；老公的升職，其中關係是她去跑的……她簡直成了我們那一帶的傳奇，背後我們都叫她「女超人」，覺得娶這樣的媳婦超值得！

按理說，娶了這麼個「女超人」，男人應該超有成就感，沒想到她的老公居然外遇了。

那天她一把眼淚一把鼻涕地找我哭訴，說她不知道老公對她有什麼不滿意，她爲他做飯，爲他照顧孩子，給他一個溫暖的家——哪一樣不是爲了他、爲了這個家？爲了這個家，她連逛街、美容、娛樂的時間都犧牲了，還放棄了一次升遷機會，他怎麼會這麼忘恩負義？更讓她不平的是，她老公喜歡的不過是一個什麼都沒有、什麼都不會，只會花錢、享受的平庸懶女人。

是啊，她爲那個家付出了太多，她將自己全部的時間、精力、愛，都給了老公和孩子，覺得自

己有能耐，什麼事情也都是自己去處理，可以說家裡小到針線，大到磚瓦，都是她一手操辦得井井有條。今天卻遭遇這樣的背叛，實在是很難接受。

但是她老公我是見過的，很理性成熟的人，不像會去做網戀這種傻事。只是每當身邊的人誇獎他的老婆時，他總是很苦澀的一笑而過。他曾經和我說過，他活得很累，特別是面對著一個「萬能太太」時，他找不到做男人、做父親的意義。

當我把她老公曾經說過的話轉述給她聽時，她陷入了久久的沉思……

當然，旁觀者清，我們肯定希望她能想明白。而我們自己則更不能陷入這樣「萬能太太」的迷思中，這樣只會在浪費了時間、迷失了自我之後，讓幸福和自己擦肩而過。

上帝既然造出了男女，並賦予了他們不一樣的體格和秉性，就註定了男女有別，那麼，身爲女人的妳想好了如何來經營出一個幸福溫暖的小家了嗎？

拒絕「萬能太太」

經驗和活生生的現實告訴我們溫柔、柔弱的小女人最能得到幸福，親愛的妳們，不妨做一回這樣的小女人，不僅有著自己的時間，更有著老公無微不至的關懷，何樂而不為呢！

一、不要暴露自己的能力，特別是在自己的老公面前，即使妳真的很能幹，也要把自己的能幹藏起來，偶爾流露一下就好，讓他對妳刮目相看；

二、會與他人分擔。現代社會中女人身上所承受的來自生活和工作上的壓力一點也不比男人少，而家庭生活不是推卸，更不是大包大攬，而是彼此的分擔，分一些家務，分一些事情給他，才會讓他在這個家裡有存在感；

三、凡事要商量，即使妳已經想到解決辦法，但是也要和家人商量，而且不要用急於表現自己的方法。讓他們感受妳的無力與無助，才能積極地與妳一起分擔，這樣妳才能享受到來自他人的關懷和照顧，感覺幸福；

四、栽培好老公。都說好老公都在別人家，其實只要用心，好老公是可以栽培出來的，但是這種培養千萬不要自己親手示範，寧願他自己去摸索，等他做好了，送上個香吻以示鼓勵，保證以後他的「工作」熱情高漲不停，而妳則樂得清閒。

享受時間，享受慵懶

有句話說的好：忙的時候妳不會覺得怎麼樣，但是一旦停下來妳就覺得累了。活著固然要不斷地追求，但是千萬不要忘記享受生活喔！否則身爲女人的一切便沒意義了。

我們身邊有很多工作狂，她們的共同點是都有著十分強烈的時間觀念，日程表上更是密密麻麻排滿了大大小小的事物，看看她們的現狀吧：抓緊每一天的每一分每一秒，一天的行程安排得滿檔，自己則像個陀螺旋轉個不停；每天下班，只有筋疲力盡的感覺，連老公或男友投來的曖昧眼色也無暇理睬，只想著撲到床上倒頭就睡；好不容易盼到週末了，爲了好好慰勞一下自己這一週的辛苦奔波，決定大睡特睡，每天不到日上三竿絕不起床，結果恰恰相反，居然越睡越累，下週一的時候一整天萎靡不振。

時間不是這樣利用的！其實女人不單要利用時間，更要懂得享受時間。生活本身就是一種享受，每天擠出一點時間放鬆一下自己：可以在某個夜晚泡一杯咖啡，懷著一絲惆悵，在音樂裡，輕輕敲著鍵盤，寫著自己的心情；可以在一個陽光明媚的午後，泡上一壺清茶，拿一本喜歡的書，找個最舒服的姿勢窩在沙發上，瞇著眼睛透過那嫋嫋上升的水霧，任憑自己的思想天馬行空。

所以，當妳的時間裡只剩下永遠忙不完的大大小小的事情的時候，當妳日益感覺到自己日子枯燥的時候，當妳總是眼巴巴羨慕著他人的風情和精緻的時候，是否問了自己差距到底在哪裡？是自

己不夠漂亮？是自己不夠女人味？還是自己不夠氣質？……不，都不是，而是妳不懂得享受時間，享受慵懶。

女人，要懂得愛惜自己，要懂得女人慵懶的獨到魅力所在，否則只會在平庸中花容花姿喪盡，然後再獲得一個庸俗的人生。

燈光昏暗，耳邊的音樂輕柔而又婉轉，這是我比較鍾愛的一間ＰＵＢ，連續來過幾次，每次來的時候總會看到她，一個人端著杯酒，安靜地坐在角落。今晚她穿著紅色的絲綢長裙，手裡舉著盛滿暗紅色紅酒的高腳杯，像是開在酒吧裡的一朵嬌豔玫瑰，「端的風流如水晶盤內走明珠，態度似紅杏枝頭推曉日」，體態如此風流獨特，與她那精緻的妝容形成了一道優美的風景。我瞧見酒吧半數以上的男人都朝她看了好幾次，確實整個酒吧再也沒有比她更吸引人的了。

去的次數多了，和她便相識起來。她是一家大企業的高級主管，不過看著她的樣子，我怎麼都無法把她和嚴厲、嚴肅、面無表情的主管聯想在一起。頗有成就的事業，風流性情的行事風格，懶散迷人的動人氣息——身爲女人，她的身上有著太多讓人羨慕嫉妒的東西。

她說她喜歡遠離人群，隨心所欲，過著那種閒散獨居的生活，像《陋室銘》中說的那樣：「無絲竹之亂耳，無案牘之勞形。」她要用最慵懶的思維來思考自己的人生，讓每一吋皮膚、每一個毛孔都得到自由的呼吸。更希望可以擁有自己的書店或咖啡小店，在洋溢著書香和咖啡香的空氣中消磨著時光，靜靜地看著時光如流水般輕輕地從指縫中溜走，讓自己忘記了時間和季節，忘記了凌亂

的思緒，忘記世事的紛繁蕪雜。而她可以在自己的世界裡讓自我的身軀自由地擴散，隨心所欲。她要在慵懶中淡盡往日的霧雨塵風，讓靈感回歸充盈，讓心底的堅冰層層脫落，化落出悠遠的青山遠景。

她的這番話，聽得我醉了，而她總是在這間ＰＵＢ裡，靜靜地享受著屬於自己時間和幻想。我想她也會兀自在夏日午後的清風中慵懶著，這紛繁蕪雜的喧囂世界更是襯托了那份獨特的美麗。

親愛的，別再一味地只知道忙碌，懂得享受時間、享受慵懶，才能眞正活出女人的完美人生！

做一個慵懶的女人

一、不要有太大的野心，不需要太多的錢，找一份沒有太大壓力的工作才能使自己更容易滿足，才有更多的空間和時間去享受自己的慵懶，擁有自己獨有的精神空間；

二、有朋友，有情趣。興致來了，可以約上兩、三個志同道合的朋友，在茶館聚聚，說些不鹹不淡的話，談話期間，眼神還可以從窗櫺間游出，在明媚燦爛的陽光中細思一些感傷的詩句；

三、一生與學習為伴，不論是哪個領域都可以涉獵，文藝、哲學、保健、茶藝等等都是達到身心合一、健康生活的有效途徑，不斷感悟生命，戰勝誘惑，戰勝自我；

四、懂得鬧中取靜，在喧囂鬧市中，安靜自己的心靈，抬頭讓自己沐浴在陽光下，或走出城市，陶醉在鳥語花香中，洗淨一身的煙塵和疲憊；

五、獨自出去旅行，去一個古典的小鎮，或悠閒自得的鄉村，跟那裡閒散的人們一起感受午後的陽光，嬉戲在各種風俗中，盡情歌舞和幻想。

健康運動，運來幸福好時光

一說起運動，好多人開始大皺眉頭，特別是那些天生不愛運動的女人。而不愛運動的結果又是什麼呢？

有時僅僅是一個十分簡單的動作，比如俯身去撿掉在地上的一枝筆，或者去更換一下天花板上的一個燈泡，或一個猛的急轉身，也會讓女人「閃」了腰、「扭」到脖子；而那些經常一動不動地坐著伏案工作、缺乏運動的女人們，更是脆弱，由於頸、肩、背、腰等處局部肌肉、韌帶組織的過度勞損，久而久之，頸椎病、肩周炎、腰椎間盤突出等等疾病爭相上門；若沒有這些疾病的困擾，則是每天都感覺疲憊不堪，做任何事情都力不從心。

有一項調查顯示，白領中有70%的人正處於亞健康的狀態，但是他們自己卻不知道，仍獨斷專行，非要等到身體亮起了紅燈才後悔莫及，然後再花時間、花金錢去彌補。而女性的身體「柔若無骨」較之男性的身體更加的脆弱，更需要靜心地呵護。

當妳拿著鏡子，在鏡子中看到了一個面色發黃、眼圈發黑、精神萎靡的「活恐龍」時，健康已經向妳敲響了警鐘，叫妳趕緊起來運動吧！讓運動給自己帶來健康和好心情，而用在運動上的這一點時間，絕對會讓妳獲益匪淺。

她是我的一個鄰居，在一家旅遊公司當導遊。但是，我很納悶，現在正是旅遊旺季，她怎麼反

而天天在家，不出門工作？

一天半夜，她突然來敲我的門，說感覺頭暈、噁心。我一摸她的額頭，媽呀，這麼燙，肯定是發高燒了，便急忙把她送到醫院。

第二天去看她，情況好了很多。她對我微笑表示感謝。我問她最近怎麼看起來萎靡不振的，是不是有什麼事。她搖搖頭，只說自己的身體不舒服，體質變差了。她說她正在考慮辭去導遊這個工作。

我很吃驚，她可是資深導遊了，收入不菲，更何況導遊分旺季和淡季，有休息的時間，而她自己不是連做夢都想當導遊的嗎？

看出我的疑惑，她向我解釋說，以前她每天早上都會起來跑跑步、跳跳繩，每天都精力充沛，對生活對工作充滿了幹勁。可是後來漸漸懶了，覺得花那麼多時間去運動還不如用這段時間好好學習學習英語，爭取把英語導遊證拿下。可是等她成功拿下英語導遊證的時候，卻再沒有時間運動，每天一張眼，便是馬不停蹄地趕到公司報到，然後伏案做公司發展企劃。由於她資歷深，像親自出門帶團這種苦差事一般輪不到她，她只是在公司做策劃和規劃就行了。於是，工作的繁忙，加上自己的懶惰，她根本抽不出時間來。時間久了，居然得了頸椎炎，天天往醫院跑。這段時間頸椎炎嚴重，她不得不告病在家。在家這段時間，心情也很差，常常覺得活著只是受苦，看不到什麼希望。

現在，她打算辭去工作，每天堅持運動，重新找回原先那個快樂健康的自己。那妳呢？

運動帶來健康快樂

運動可以給人帶來健康和快樂，更可以讓女人活力四射、充滿魅力。雖然運動是一件簡單的事情，但是裡面的學問可是不少的，需要妳們好好注意了！

一、要知道一天最佳的運動時間。下午四點到五點之間，是一天空氣中氧氣最足的時間，適合運動；

二、每天的運動強度不宜太大，這樣不僅達不到鍛鍊身體、愉悅身心的作用，反而會因為精力透支，一整天都萎靡不振；

三、要把運動當作自己的一種生活習慣，長時間堅持，才會長時間地享受健康；

四、減肥最佳運動時間為以下三個時間段：

1.夏季。由於夏季氣溫高，稍微的運動都能夠出汗，是減肥運動的黃金季節。

2.早上。早晨鍛鍊身體所需要的熱量是靠體內蓄積的脂肪氧化來提供的。胖美眉們正是體內脂肪堆積過多才造成肥胖的，因此想減肥一定要抓住早晨這個「黃金時間」。

3.飯前飯後。飯前三十分鐘～四十五分鐘運動，可以使食慾減退，食量減少；飯後三十分鐘～四十五分鐘進行運動，會使消化吸收功能減弱。當然無論飯前飯後都不適合做劇烈運動。

第八章

看得清，分得清，才能做得清

◎活得輕鬆、幸福是每個女人的追求，可是如果每天僅僅因為忘東忘西浪費了大把大把的時間，真是活得太冤枉了，克服這一缺點對每個女人來說至關重要！

◎「無所謂」聽上去好像很自信、很瀟灑、很淡然，可是歸咎到時間問題上，真是太有所謂了！

◎有益的交談還可以增長知識，開闊視野。但是毫無意義的瞎聊、亂聊、濫聊則是浪費時間，耽誤工作，影響他人的行為了，於己於人都無益，常常還會惹出許多不必要的是非。

是「害怕」在吞噬妳的寶貴時間

天啊，怎麼又發生這樣的事了？

早早地來到了公司門口，一檢查隨身包包才發現那份重要的文件沒帶，本來想讓老闆通融一下，可是一想到他那嚇人的眼光，再想想自己以後的升職加薪等等，只好欲哭無淚地回家拿了；已經到家門口了，一摸口袋，眞想跳樓，鑰匙竟然掉在公司裡了。

到底是怎麼了？爲何會如此健忘？才順手放在某個地方的東西，一轉身就想不起來放哪裡；明明找同事要說某件事情的，可是走到他面前後怎麼想不起要說什麼；拿出整理箱大翻特翻時，突然很茫然，我到底要找什麼東西？閉著眼睛拼命回想，感覺自己笨得像個豬頭！眞夠鬱悶的，爲這樣的情形都不知道自己一天要浪費多少寶貴的時間。很多女人深受如上狀況之苦，每次出門就像上大刑，不是怕忘了這個就怕忘了那個，走在路上，還得不斷掏包，由此確認要帶的東西是否齊全。可是大多數時候，那糟糕的腦袋，只有到了公司時才會突然開竅，警示妳某個重要的東西遺忘在家裡。女人，應該心細如髮才對，如此糊塗誰會喜歡。而且若經常如此，未免會讓人覺得是個靠不住的人，到時誰還敢將重要的事情交由妳做，這不是自毀前程嗎？

我認識的一個漂亮女孩，做著體面的工作，每天早出晚歸，看起來蠻勤奮的樣子。可是，與她接觸的時間久了，慢慢才發現有點不對勁。有一天我刻意觀察她，才發現她一天之內竟然往家裡跑了三次。知道是怎麼回事嗎？第一次她忘記帶辦公室的鑰匙，急急忙忙地衝回來拿鑰匙。沒想到，

出門的時候又忘記拿包包了，只好第二次急急忙忙回來拿包包。這回應該沒什麼東西忘了吧，誰知她又第三次回家了，居然是因爲太著急而直接穿著拖鞋上班了！簡直讓人跌破眼鏡。

還有一次，我看見她火急火燎的往外走，不知怎麼回事，一張餐巾紙從她裙子裡掉了出來，接著又是一張，我趕緊叫住她，看到飄落在地上的紙，她顯得很尷尬，並一再解釋那紙原本是想要裝在包包裡的，因爲換衣服時想起要帶紙，又怕走得急忘了，於是拿了幾張跟裙子放在一起，沒想到後來還是忘了，還捲到裙子裡穿在了身上。

她解釋這事時表現得很沮喪。後來又補充說爲了不讓自己丟三落四、忘這忘那，她每天出門前都要花大量時間檢查自己和包包，檢查時會發現一些遺忘的東西，可是剛一轉身又忘了，再回想時怎麼都想不起來。更讓她抓狂的是，每次出門一走出社區，她才想起來好像沒鎖門，急急忙忙奔上樓，發現門其實是鎖了的。更糟糕的是，有好幾次，她出門時竟然忘了關火，家裡已經三個水壺都被燒壞了，有一次還差點發生火災。在工作上，她也常犯迷糊錯，不是忘了客戶之約，就是忘記了老闆交代的重要工作，這爲她的業績和前程帶來了不少困擾。

她說吃過忘東西的苦，再也不能馬虎了，可是每次還是會落東西，越落就越害怕，越害怕就越要花時間去想有沒有忘帶東西，以致常常將自己弄得神經大條，緊張兮兮。更要命的是，爲了彌補遺忘犯下的錯，她都不知道浪費了多少自己寶貴的時間。丟三落四不是個好習慣，尤其是讓這壞習慣逼出強迫症就更糟糕了。妳也是這樣嗎？而妳是否想改變呢？

要一個沒有「害怕」的日子

一、要懂得對自己心理暗示，特別是當妳急著找什麼東西的時候，一定要讓自己冷靜，相信自己，然後再細心地留意身邊的一切事物；

二、用一個小本子，當天晚上睡覺前就把明天要帶的東西記在本子上，並且把這些東西放到顯眼的地方或明天要背的包包裡，第二天再對照著本子一一檢查；

三、要養成做事有條理的習慣，在做事情的時候先別急著開始，而是讓自己想想期間要注意的是什麼、最容易忽視的是什麼，養成對這些問題負責的心態；

四、請別人監督。比如有特別重要的東西或很容易忽視的東西，可以讓同行同住的人第二天提醒妳一下，事半功倍。

和「無所謂」說「再見」

「無所謂」聽上去好像很自信、很瀟灑、很淡然，可是歸咎到時間問題上，眞是太有所謂了！

很多女人會不以爲然，確實，她們活得很灑脫、很瀟灑，對什麼都可以無所謂：一份投入了多年時間和精力的感情，說不要就可以不要了，並很瀟灑地對別人說「其實我無所謂」；自己累死累活，好不容易獲得了一個升職加薪的機會，結果爲他人作了嫁衣，好機會被同事爭功邀寵給奪走了，妳雙手一攤，笑笑說「無所謂啦！」；花了好幾年的積蓄進行了一項投資，結果本金虧了30％，卻安慰自己說：「無所謂了，反正虧了這麼多，往後也虧不到哪裡去了。」

而這些「無所謂」女人結局又是怎麼樣呢？晃蕩了這麼多年，依然是房沒一間、車沒一部、家沒一個、事沒一成，任憑時間流逝，用一種無所謂的態度過著一種無趣無成就的生活，眞是辜負大好時光啊！

所以，親愛的，醒醒吧！「無所謂」聽起來多瀟灑，看起來妳多樂觀大度，可是這背後隱藏的到底是多大的損失呢？慢慢讓妳心情灰暗、對自我失去信心、工作越來越沒狀態，生活品質越來越低下。

青春易逝，人生苦短，當韶光喪盡，妳卻一無所有；當別人家庭美滿幸福，夫妻倆恩恩愛愛，妳卻還得忍受孤苦伶仃的折磨。所以，別再用「無所謂」這種看似大度，實質愚蠢的方式去推擋原本做爲女人妳該擁有的幸福，否則就是活該浪費時間和精力地窮忙，在一次又一次的「無所謂」當

中，沉淪於無奈、無趣、無希望的生活中。

認識她這麼多年了，看起來總是很忙碌，可是依然是個平平凡凡的小職員，我很驚訝，她有學歷、有能力，怎麼連剛畢業的學妹都不如呢？不僅如此，她蹉跎到現在，連個男朋友的影子都沒見著，到底怎麼了？她說，這些無所謂，那些人愛升職升職去，愛交男朋友交男朋友去，她不眼紅，一切順其自然，老天自有安排。

如此答覆，眞是令人苦笑。

其實，她不是沒有升職的機會，上次的企劃案她完成得非常漂亮，沒想到沒心機無所謂的她被上司狠狠地利用了一把，借用她的企劃案拿去找老闆邀功了。其他同事紛紛建議她找老闆說明情況，她倒是很大方，聳聳肩，一句「無所謂」就過去了，同事們只好在一片惋惜聲中，同情她的善良。從此，大家都知道了她的「無所謂」，也紛紛效仿她上司的做法拿她的成果去找老闆邀功，結果那些人升職的升職，拿獎金的拿獎金，她還是公司裡默默無聞的小職員，繼續過著被人壓榨的生活。不僅公司裡的人欺負她，連她的鄰居們也這樣。借去的東西絕對是有借無還，幾次勸她別借了，她說大家都是鄰居，這些小東西無所謂了。於是，她就在這種無所謂中，失去了很多屬於她的東西。

如果是妳，妳生氣嗎？妳願意這樣「與世無爭」嗎？我想妳並不是眞的「無所謂」，妳只不過用這三個字來自我安慰，來逃避自己的懦弱，進而逃避自己的生命。

過「有所謂」的生活

人生不能處處「無所謂」，想要過的幸福、快樂、富足，就要懂得「有所謂」。當然說的容易，做起來就不容易了。

一、對事對人要足夠的重視，負起責任來，而不是自以為很瀟灑地無所謂對待，那樣只會讓自己養成懶散、消極的心態，白白地浪費自己美好的人生；

二、對自己應該得的東西要據理力爭，特別是升職這種關乎前途的大事，更要認真對待，努力爭取，面對那些不懷好意的同事，杜絕為他人作嫁衣；

三、擴大自己的生活領域，多嘗試些新鮮事物，當妳這樣去做的時候，妳會因為發現多了一個新的生活層面而驚喜不已，進而驅動自己奮發向上；

四、很多人對眼前「無所謂」其實是認為自己應該等待一個時機，以穩當的方法來開拓前景，只是這樣的等待那個適合妳的時機很難到來，因為人生不是精心設計、毫無差錯的電腦程式，妳應該有時刻準備迎接挑戰的勇氣和決心。

瞎聊著、瞎聊著人生也就跟著「瞎」了

愛聊天愛嘮叨是女人的天性，也是女人的權利，所以她們理直氣壯地煲電話粥，或窩在小姐妹的房間裡，談八卦、聊明星，甚至不惜犧牲睡眠時間；或在工作的時候，就爲了一些小八卦和同事嘰嘰喳喳個不停……那話語可是比洪水猛獸還要多還要洶湧。

究竟，那些女人在這漫長的聊天中都聊了些什麼？

這裡轉述一下某男性朋友對他老婆的一些看法：「我眞是服了她了，逮到誰就和誰聊天，聊起來還沒完沒了了，眞是難以理解，有時候我隨便一聽，說的都是些沒有意義的事！」

長期以來，聊天、瞎扯淡已經成爲了很多女人生活中不可缺少的一部分。在她們眼中，聊天不用花錢，不需要繳稅，還可以消磨時間、敷衍工作，何樂而不爲呢？於是，不論是在公司還是在住的地方，都能與身邊的人東扯葫蘆西扯瓢地瞎聊，以聊天來打發日升日落，星辰交替。

當然，在工作之餘、茶前飯後，和朋友、家人聊聊，既可以交流資訊，又可以溝通感情和思想，確實是一種樂趣，有益的交談還可以增長知識，開闊視野。但是無意義的瞎聊、亂聊、濫聊則是浪費時間、耽誤工作，影響他人的行爲了，於己於人都無益，常常還會惹出許多不必要的是非。

第一次見她的時候，一臉親切的笑容，對人噓寒問暖，感覺她是一個善良、熱心、超具親和力的人。然而認識久了，我漸漸有點怕她，每次見到她也都盡量躲著，說實話我還從來沒見過像她那

麼喜歡聊天、能說那麼多話的人，似乎不會放過任何一個跟她打招呼的人。

經常可以看到這樣的一個場景：天氣好的時候，她和幾個老女人在花前樹下一站就是幾個小時，聊的無非就是些左鄰右舍的雞毛蒜皮小事，不是哪家孩子比較聰明、哪家兒媳穿得花俏，就是哪家又買了電器，或說說某人的八卦等等。

有一次，因爲有急事我打了通電話給她，近一個鐘頭的時間撥了大概幾十次電話，一直都是忙線中。無奈事情緊急，我只好去敲她家的門。進門一看，她正笑聲朗朗地和朋友聊一小明星的八卦聊得不亦樂乎，其實那又關她什麼事呢？眞讓人不理解。

我問她這樣瞎聊難道不覺得浪費時間嗎？

她不以爲然地反駁說，女人遇到一些難事和問題時，透過聊天可以向他人汲取有益的建議，如果遇到不愉快的事情，透過聊天可以得到勸解和溝通，儘快地讓心情恢復，有利於生活品質的改善。因此，聊天可以使心情變得更加愉快，可以提高女性的做事效率。

想來，她的生活可能除了閒聊再沒什麼讓她在意的事，於是她胸無大志，活得瑣碎狹隘，除了一個平庸的家庭，她幾乎什麼都沒有。妳如果也是這樣，是不是該警醒一下。不要讓自己嘴巴不停碎碎唸，成爲一個俗不可耐的女人。

四招遠離「瞎聊」

幸福、聰明的女人，懂得怎樣有效利用自己的每一分每一秒，她們絕對不會在聊天上花費太多時間，特別是沒意義的瞎聊。

一、讓自己忙碌起來，可以再去學習或接手更多的工作，並給自己一定的期限和壓力，讓自己忙碌起來沒時間瞎聊；

二、時時刻刻提醒自己，可以在桌面上貼小紙條，或在自己的手上，抑或在顯眼的地方貼上小紙條，告誡自己不能聊天、不要八卦；

三、給自己找一個偶像，最好是那些有成就的成功女人，讓自己沿著她們的軌跡和精神，時刻向她們看齊、靠近，進而忽視現實生活中的瞎聊；

四、勇於追求夢想與希望。最好妳的夢想是具體的、可行的，不要好高騖遠空做摘星的美夢，要知道這奮鬥的過程不僅能使妳充實、快樂，還可以使妳無暇顧及俗不可耐的瞎聊，在精神和思想上獲得一個更高的境界。

「交際花」的代價是時間

激勵大師安東尼．羅賓說：「人生最大的財富便是人脈關係，因爲它能爲妳開啓所需能力的每一道門，讓妳不斷地成長。」有人也認爲：人脈是一個人的財富寶典，是無形資產，潛在財富，也是一個人事業發展的情報站。可以說人脈就是妳的一面鏡子。

於是，有些女人也深受其影響，也開始野心勃勃、信心百倍地加入建構人脈的行列中，逢人就要去結識，逢事就得幫忙，眞是比觀世音菩薩還「有求必應」，比採花蜜的蜜蜂還忙。

還有些女孩子是天生的老好人，又喜歡結交朋友，過於好客，到處都是她需要交往認識不能拒絕的人，不停忙著處理著各種關係和各種朋友。

妳是不是也在無意識地經歷類似的事情？

剛剛讓自己在電腦前坐定，想要好好規劃規劃這個月的時間安排，朋友一個電話來了，心情不好能不能陪她去夜店，沒辦法，朋友還是重要，手頭的工作先放放吧！關電腦，出門；剛剛進行手上的工作，公司突然來了一個老闆的朋友，恰好妳也認識，於是妳趕緊放下手中的工作，開始招呼起來，負責接待的同事只好對妳乾瞪眼；聽說鄰居的親戚來了，妳馬上過去噓寒問暖……妳的身邊每天都會出現很多人，如果每一個妳都要去應付的話，那麼生活除了交際，根本分不出時間來做其他的事情，而這樣的交際除了消耗妳的時間，對妳沒有半點的實質性幫助。

當妳在人與人之間疲憊地奔走時，當妳為別人投入了熱情、時間和精力卻得不到相對的回報時，當妳再也抽不出時間學習，給自己充電時……別再當什麼交際花了，妳的職業不是交際，如果妳還執迷不悟的話，那麼眞是活該在人際的奔波中疲憊不堪又一無所獲！

不得不承認她是一個熱心腸的人，對身邊的每一個人都是熱情周到、噓寒問暖、有求必應。無論是誰的生日，她都會買好禮物去參加；無論是誰有點小事需要幫忙，都會找她，無論哪家來了親戚，她必過去一趟，甚至把其親戚邀到自己家裡好吃好喝地伺候著……每天顧著忙碌這些亂七八糟的應酬而應接不暇。那個週末和她約好了要去圖書館借書。到她家後，她讓我等一會兒，說她老公的一個朋友要來看他們了，她得打個電話確定一下時間。結果這一個電話一打就是半個小時，她不僅問了人家什麼工作，老婆叫什麼，女兒幾歲啦，甚至連最喜歡的衣服牌子是什麼、最近用的是什麼洗髮精這樣的問題都關照到了。終於可以出門了，結果一出門遇到了隔壁的老奶奶，兩人又一番寒暄問暖，如此幾十分鐘不知不覺又過去了。她一邊抱歉地要我再等幾分鐘，一邊卻又滔滔不絕與老人家扯開了新話題，讓我這個極度有包容心的人也都差點失去耐心。

最後她連連抱歉著拉著我走，可是這時半路又殺出個程咬金，她表妹的一個姐妹要找她學織圍巾，人家都來了，她怎麼好意思拒絕，只能承諾明天陪我去，並說明天會來負荊請罪。她不去倒讓我如臨大赦，如果我繼續跟她待在一起，這一整天可能都去不了圖書館。

人脈是資源不假，但要注意謹防資源浪費。

與人交往貴「精」不貴「多」

想要做幸福、高效率的女人，就要懂得和什麼人交往，怎麼和身邊的人交往，畢竟時間和精力是有限的。那麼，到底怎麼做才能兩全其美呢？

一、對象的選擇。這個人必須和妳擁有對等的交流關係，和妳是在同一個層面上，值得妳信任，妳們的交往能互相成長。妳要懂得，這個世界並不是所有人都值得讓妳與之交往的；

二、認定了一個交往對象就要深入瞭解對方，知道他的一切，努力和他成為肝膽相照的朋友，凡事可以互相照應，幫忙；

三、當自己忙碌的時候懂得委婉拒絕別人的請求。比如妳正在寫文章時，妳的鄰居要妳幫忙，妳可以和他說聲對不起，禮貌地拒絕他，這樣既不得罪他，也為自己保留了時間，以後他也不會輕易打擾妳了；

四、定期整理一下自己認識的人。可以半年整理一次，或一年整理一次，看看自己對待這些人的態度是否合理，如果處理好就再接再厲，如果不好則要好好反省反省了。

別讓凌亂的檔案壓倒自己

大家都知道優秀的職業經理人有一個很好的習慣，任何檔案只在面前流通一次：只要手拿起檔案看一遍，即可以立即丟掉，或隨手交給祕書。眞可謂雷厲風行，瀟灑高效。

但是這可苦了當祕書的女性朋友了。拿起來看看，怎麼辦？先放下吧！過一會兒又拿起來看看，怎麼辦？又放下。

如此反反覆覆看了幾遍，還沒想到怎麼處理這個檔案，只好隨便往辦公桌上一丟。結果辦公桌的檔案越積越多，加上有些人不怎麼會整理，簡直凌亂得不成樣了。

當然，不只祕書要面臨很多文件問題，很多其他工作的女性朋友也一樣。那麼，凌亂的檔案給不善打理的人帶來了什麼樣的後果呢？

老闆過來要妳馬上給他昨天有關客戶的那個資料，妳邊在凌亂的桌面上亂翻著，邊用楚楚可憐的眼睛向老闆表示歉意，結果找啊找啊，就是找不到；寫報告，寫著寫著，突然涉及到了一份資料的內容，然而前幾天明明還在這的檔案今天就是找不到了，妳只好翻箱倒櫃不厭其煩地進行殺毒式搜索，於是，原本一個小時可以完成的資料，妳花了兩個小時。

所以，當妳總是在關鍵的時候不能很快找到自己想要的檔案時，當妳的忙碌和妳的效率成反比的時候，妳眞的該讓自己好好想想怎麼清理好這些文書資料，要知道，辦公桌上凌亂的資料堆積多

了，會浪費妳大把的時間重新整理，更甚至耽誤事情進度，影響工作形象、薪水。

我一個朋友終於找到工作，是在一家大公司當老闆的祕書。頭兩個月，她做得非常不錯，細心、耐心、效率高，總能得到老闆的賞識和誇獎，老闆說有可能這個年底給她加薪。

然而，第三個月起，事情有些不對勁了。不知道爲什麼她沒了前兩個月的高效，老闆已經好幾次表示了對她的不滿。

原來每次老闆找她要某個檔案，她總是磨磨蹭蹭好半天，才能從堆積如山的資料堆中找出來，這讓老闆很火大。

其實從小她就不是很善於整理自己的東西，經常把書、鉛筆什麼的隨便往桌上丟，等第二天要去上學了，才急急忙忙地到處找，常常因爲這個遲到挨教師罵。剛來公司的前兩個月，公司交到她手上的文件不是很多，一些老闆看完就直接扔掉了，所以她的辦公桌有足夠的空間來存放這些資料，而她當然也總能在第一時間裡找出來。

但是，隨著工作時間的增多，檔案量也在增多，每次她拿到檔案時，都是像小時候對待書和筆一樣，隨便往辦公桌上一扔了事，任它們雜亂地堆積著。另外，她還存著一點小心思，她覺得當別人看到她這麼多的資料雜亂地堆在一起，肯定會認爲她很忙，她想給別人一個重要、忙碌的形象。

可惜事與願違，當別人看著她花大把大把的時間磨磨蹭蹭地找文檔時，都皺起了眉頭，辦公室的工作多著呢！可經不起她這樣折騰，漸漸地，大家都開始對她不滿了，甚至都有人向老闆建議換

一個祕書了。這時她才感覺到了危機，然而面對著那些如雪片般不斷飄向她的檔案資料，她還是束手無策。

其實，她原本可以將工作做得很出色，可是懶惰和壞習慣耽誤了她。現實生活中也有很多人像她一般，她們不會整理文檔，不會整理自己的辦公桌，經常爲了找東西浪費很多時間，影響自己的形象，更是影響著自己的前途，這可不是什麼危言聳聽的事情，無數活生生的現實就印證了這一點。

凌亂文件乖乖聽話術

很多時候處理好了手頭的文件，就能更有效地處理好工作，然而想要處理好那些堆積如山的文件，還真不是一件簡單的事。

一、要給各個檔案找一個固定的歸屬，妳可以將手頭上的檔案歸類，比如妳可以分客户檔、公司內部檔，並把這些檔案分類固定放在一個地方；

二、在自己的辦公桌上開闢出來一個「最新檔案區域」，在這個區域裡只放三天內的檔案，特別是最近要用到的檔案；

三、定期清理。比如妳可以每三個月就對檔案進行一次清理，不必要的、過時的、在妳這裡待了三個月妳看都沒看一眼的等等，這類檔案就要果斷地扔掉，別讓它們再佔據妳的空間，增加妳尋找的難度；

四、不要把檔案移到妳看不到的地方。別桌子擺不下了，就放在抽屜，抽屜滿了，就積在腳邊，這樣因為看不到很容易被忽視，到時候想找又要耗費大量的時間了；

五、下班最後一件事情就是收拾自己的辦公桌，把辦公桌收拾的井井有條，第二天上班看到這麼潔淨的辦公桌，不僅心情好，還更容易找到自己要找的東西。

第九章 耗著時間的脈搏奔財富

◎把現實中的種種不可能，用夢編織成花環，美美地套在自己的頭上，於是就上癮了，結果把好好的白日夢活生生變成了「噩夢」。

◎女人要懂得果斷抓住稍縱即逝的機遇，果斷地決定自己的前途和命運，果斷地尋找更大的發展空間。

◎自我膨脹只會膨脹妳的虛榮，膨脹妳的孤單，卻無法膨脹妳的時間和成就。

謹防白日夢成為「噩夢」

女人天生愛做夢，希望自己像夢中的公主一般美麗、幸福；希望自己能遇到夢中的白馬王子；希望能住進夢中的豪宅……

當然有些女人的做夢手段高超，不但閉眼睡覺的時候會做夢，有時還會睜著眼，隨時隨地的做夢，而且是夢幻無窮，夢話連篇：每天睡到自然醒，想去上班就去上班，但是業績月月第一，老闆見到妳都畢恭畢敬，像粉絲們對待明星一樣；銀行卡裡的數目無限大，想買什麼就買什麼，而且只買最貴的，買回來的東西，心情好就用用，心情不好就直接扔了；每天都有無數帥哥打聽妳，但是妳就是萬花叢中過，片葉不沾身，還得裝著很鬱悶地說：「被那麼多人喜歡，眞是好煩啊」……

哇，想想這些就很美，把現實中的種種不可能用夢編織成花環，美美地套在自己的頭上，於是就上癮了，結果把好好的白日夢活生生變成了「噩夢」。

發現了嗎？經常沉迷於這些無謂的白日夢中的女人們，在工作和生活中浪費了大把大把的時間，而付諸行動的時間又有多少呢？比如，工作的時候遇到了一個難題，爲了排遣煩惱，白日夢一下——如果我是老闆那該多好，扔給下屬處理，那我就舒服了；手裡正忙著其他的事情，腦子裡卻開始了白日夢——如果下班在電梯裡能恰好遇到隔壁公司的帥哥就好了；如果今晚公司有聯誼活動聚餐就好了……結果事情越忙越做不完，那些白日夢，就這樣壓榨了妳的其他時間。

另外，有醫學證明，喜歡做白日夢的人，因爲投入了大量的時間和精力去做白日夢，夢想的要求又太高，行動的時間少，現實和夢想之間的落差太大，很難在心理獲得平衡，很容易得心理疾病。上大學的時候，她天天在我耳邊嘮叨她的白日夢，什麼有一天心血來潮，推翻相對論再發現一個什麼草莓定律，獲得諾貝爾獎，讓以前那些批評過自己的老師見到自己通通繞道走，然後天天開報導會，到處是鮮花掌聲。人家問怎麼這麼天才的時候，還得謙虛地說：「天生的，沒辦法啊！」……問題是，她一個文科生推翻什麼相對論，發現什麼草莓定律。大學整整四年，她就這麼「夢遊」著過來，勉勉強強畢業了。

畢業後，應徵進一家私人企業上班。覺得出社會了，關係著生存這樣的大問題，她應該會認眞對待的，沒想到她還是依然做著她的白日夢，工作堆在那裡，思想卻在他處神遊——自己出去創業，財運亨通，一直追著李嘉誠、比爾．蓋茲，幾年後就富比士排名第一，年年獲經濟人物獎，忙著接見總統這樣的大人物，狗仔隊在自家方圓十里都紮了營，然後，自己回來把公司買了，對著曾經天天罵自己、嫌棄自己的老闆說：「boss，你自己走吧！」下班的時候，她又開始做這樣的夢，一大群帥哥已經開好車買好花在公司樓下等自己，她一走出去，那些帥哥全一擁而上，眼巴巴地望著她，她再不慌不忙地拿出一個搖獎機，猜中號者，才有權利邀請她上車……

她就天天這樣夢著、神遊著，三、四年的時間嘩嘩地過去了，除了白日夢多了幾個，其他什麼都沒有，甚至老闆還給她下了最後的通牒，如果再不好好幹，就要她捲舖蓋走人。「好夢」一場空

啊！夢再美畢竟不是現實。她再如此，恐怕連生計都難了。

現在，爲了前途、爲了健康，別再一味地做白日夢這樣費時的事了，是該讓自己好好想想以後怎麼踏踏實實地走了，夢想雖美，現實卻很殘酷！別到時夢醒了，自己也沒出路了。

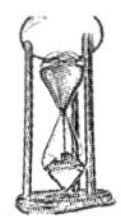

喚醒妳的白日夢

想要做個聰明、富足的女人，白日夢最好不要太多，太多的話只會分散妳的時間和精力，所以，要逆轉妳的白日夢，讓白日夢成為妳前進的動力！

一、白日夢不好，但不代表不能做夢，人生不能沒有夢想，只是這個夢想要貼合實際，是在現實生活中妳有條件去實現的，這樣這個夢才會激勵妳不斷前進；

二、在每做一件事情的時候，暗示自己這件事情很重要，要自己認真，踏踏實實地對待，這樣就會忘記那些白日夢，不會在那上面花費太多時間啦！

三、做事情的時候要一邊做一邊進行快速地思考，使注意力始終集中在如何更好地完成這件事情上；

四、注意力跟效率可是成正比的，做每一件事情都要百分百地把精力全部投入進去，集中自己全部的注意力，這樣妳就無暇顧及妳的「白日夢」，辦事的效率就更高了。

有一種「時間病」叫做清閒

有這樣一個小故事，一家公司招募新血，凡是來應徵的人，公司都會指著兩扇分別寫著「高職」和「低就」的門讓求職者選擇一扇門進入。聰明的人不假思索地就選擇了「高職」。進入高職的門後，又兩扇門，分別寫著「高薪」、「低薪」，當然選擇「高薪」了，沒想到進去後，還有兩扇門，寫著「辛勞」和「輕鬆」，聰明人選擇了「輕鬆」，當他高興地推開這個「輕鬆」之門後，卻發現自己來到大街上。

多麼可笑但又富含眞理的小故事啊！

天上不可能平白掉下餡餅，不可能高薪還清閒，那麼，面對著高薪苦力族和低薪清閒族，妳會如何選擇？

也許有些女人會說，自己沒什麼野心，薪水夠養活自己就行了，寧願生活過得清閒一點，於是，在公司裡清閒的不是劈裡啪啦地敲鍵盤聊天，就是表情專注地玩遊戲；一天到晚最重要、最主要的事情就看報紙、喝咖啡；一個星期五天的班，其實上三、四天就行了，其他的時間只能無所事事——無聊，無聊，無聊至極！

確實，少量的清閒是一種有益的放鬆，比如去旅遊度假，可以放鬆自己的身心，勞逸結合，但是，在競爭如此激烈、生存壓力如此大的今天，經常清閒的話，那眞是就是一種浪費時間和精力

的惡劣行徑了，它往往讓妳無所作爲、受制於人，也可能被快節奏的社會淘汰，即便可以苟活，但不會快樂的。另外，一個清閒的人，往往意味著窮困，沒災沒病還好，但是一旦遇到什麼大事或大病，生活馬上就變得艱難了。

所以，女人啊，清閒還真不是一般人享受得起的，很多時候只是在無聊中白白浪費自己的青春年華。

如果妳還是執迷不悟，想繼續這種悠哉的清閒生活的話，那麼，現實回饋妳的只會是艱辛。

剛畢業時，她運氣不錯，兩份不錯的工作可供她選擇，一份是事業單位的辦公室助理，一份是外商的醫療機械推銷員。第一份工作雖然待遇不如外商，但是清閒，還算半個鐵飯碗，於是，她毫不猶豫地選擇了第一份。

然而，她是工作了，清閒了，而我反而就不得清閒了，本來公司就一大堆的事情，還得忍受她每天的電話騷擾。

我曾經很認眞地問她，每天上班眞的一點事都沒有嗎？她很認眞地回答，我大部分時間就是喝咖啡、看報紙、瀏覽網頁。

我還眞羨慕她，我每天早晨八點來到公司，打開電腦、瀏覽新聞、處理郵件；九點後，召集十五分鐘左右的部門工作會議；九點二十分，開始忙碌與客戶談判；十一點，總經理召開部門經理會議，商談公司產品展示會籌備事項；十二點十分，盒飯午餐外加一杯咖啡，在公司解決；下午開

始忙公司的銷售方案，還得時不時地到外地出差。

我對她說，她閒著，但我不閒著，有一大堆事等著我做，沒時間伺候她的清閒。她卻對我抱怨起她的清閒了。她說早知道就像我一樣選擇外商，既不會無聊，又可磨練自己。

我說我挺羨慕她這樣的。她無奈地笑笑，閒是挺閒，但是這幾年來都閒了個什麼結果，不過是做一天和尙撞一天鐘，得過且過，人的心都閒散了。

確實，這幾年，她什麼都沒學會。

別的同學早就事業有成，功成名就了，獨她一事無成。偶爾她想跳槽，但是手裡沒有技藝，又擔心自己習慣了清閒，受不住忙碌的苦。

不僅如此，閒久了就不知道生活的意義在哪裡，沒有激情，也無情趣。

親愛的，妳們已經懂了吧？

清閒的時光，必須是從忙碌中釋放出來的，那才是福氣，才是快樂。

年輕不要太清閒

一、要改變自己的擇業觀念，不要把目光只盯著那些清閒的工作職位，這樣的職位，往往是最禍害人的，妳白白地花費大量的時間上班，卻什麼也學不到，到頭來只是高不成低不就；

二、激發自己的野心，哪怕是和別人攀比，和別人較勁，總之想盡一切辦法激發出自己的野心，不讓自己甘於平庸，更不讓自己在平庸中消極、遊手好閒；

三、勇於接受挑戰，特別是那些對自己來說有點難度、有點麻煩的事情，更要去嘗試，進而讓自己忙碌起來，當妳體會到忙碌的充實時，便會自覺地放棄清閒的消極心態，珍惜時間好好奮鬥；

四、不斷學習。透過不斷的學習，讓自己的眼界、境界不斷得到擴展，看到和達到一個更大更美好的世界，進而讓自己的生活變得充實有意義起來。

果斷的人生才是高品質的人生

很多人說，人生最大的煩惱便是選擇，人生也總是面對著種種的選擇：生活方式的選擇，工作的選擇，感情的選擇，婚姻的選擇……每一個選擇都關乎著妳現實生活的種種利益，甚至人生道路的走向，還眞是馬虎不得。

而女人往往比男人在選擇面前更是猶豫不決。女人聽了不要不服氣喔！會這麼說因爲女人比男人更缺乏勇氣和安全感，顧及的東西更多，加上心思本來就比男人細膩，想要做出一個果斷的決定就更難了。如果還不服的話，就讓我們一起看看身邊的女性朋友們吧！她們又是如何抉擇的呢？

現實中，很多女人在做事的時候，尤其是要讓她們做出決定的時候，她們舉棋不定、不知所措、猶豫不決、優柔寡斷。要知道站在河邊原地不動的人，是永遠也不可能由此岸到彼岸的。然而，彼岸是一定要去的，於是，過了很久，女人們就會對自己說：「管他的，隨便做個決定就是了。」結果因爲這個「隨便」讓自己「悔不當初」，既浪費了很多時間，又一無所獲！

所以，當妳總是錯失一個又一個良機，當妳總是被別人遠遠地甩在身後，當妳總是抓不住時間做該做的事情的時候……還眞的要想想自己爲什麼老是猶豫不決，錯失時間送來的機遇這份大禮？

我好不容易弄到了這部電影的電影票，給了她一張，但是那天晚上她有個派對。她既想去看電影，又不想錯過派對上的那些美酒佳餚，因此猶豫不決，最後，在派對開始前的半個小時，她才火

急火燎地趕到電影院，而這時電影都快放完了。

像這種小選擇她都做不好，更別說其他大選擇了。就說當初結婚的時候，她老公問她是要繼續工作還是待在家裡享清福，這確實需要好好考慮考慮的事情，她開始左顧及、右權衡，整整考慮了一個月，等她終於要做出決定繼續上班的時候，公司已經幫她做了決定，一封免職信就把她打入了家庭主婦的行列。原來這一個月，她為這個選擇費盡了心思，工作就耽誤了不少，加上公司早就傳言她想辭職，老闆就一不做二不休幫她決定了。

當了家庭主婦後，剛開始一段時間，確實感覺不錯，做好家務，對家人好，剩下的時間就可以逛街、看電視，過得相當輕鬆自在，但是時間久了，看著曾經的大學好友個個家庭事業雙豐收，她的心裡便不是滋味了。

然而機遇還是很照顧她的，一個好友找上門來，想跟她合開一個服裝店。那店面在黃金地段，一年的租金好友全付了，只要她投資點日常開銷，平日在店中坐鎮，她就可以分紅。她又開始猶豫了——經營失敗了怎麼辦？投資的錢拿不回來怎麼辦？家裡不能兼顧怎麼辦？眞是鬱悶！等她好不容易想好的時候，好友已經另找他人合作了。

顧慮、權衡、比較，總是一本正經地強調自己正在思考，卻遲遲未動一步，於是我們喪失勇氣，錯失機會，停留在舒服和疑慮的領域裡，辜負光陰年華。

果斷行事行出精彩

女人要懂得果斷抓住稍縱即逝的機遇，果斷地決定自己的前途和命運，果斷地尋找更大的發展空間。

一、要學會分析，搞清楚問題的原因、自己的目的和想要達到的結果，有多少解決辦法，哪種方法有條件做到——把一個個問題分析得清清楚楚、明明白白了，這樣才會打消一些不必要的顧慮，有益於妳正確的決定；

二、會抓重點。其實很多事情都是一把雙刃劍，妳不必要考慮完全，抓住這件事情的主要方面，圍繞主要的利益來考慮問題，權衡利弊，做出決定；

三、把自己置之死地，斬斷一切退路，讓自己沒有別的選擇。人有的時候想要成功真的得自己逼著自己；

四、訓練自己。平時嚴格規定自己考慮一件事情不超過十五秒鐘，並這樣堅持訓練，不知不覺中妳就會變得果斷。

自我膨脹，膨脹不了妳的時間

在妳的周圍會不會出現這樣的女人呢？不論什麼時候自信滿滿的樣子，喜歡高談論闊，甚至盛氣凌人。她們一有成就，便目中無人；辦成了幾件小事，就妄自尊大。

這些自我膨脹的女人，相識久了就會發現她們往往言過其實，使人對她們的信任度大打折扣。而她們還渾然不覺，繼續著自我吹噓的生活，不思進取，浪費生命。不僅如此，過度自我膨脹的人往往對現實的判斷和檢驗的能力很差，無法正確地看待自己，看待客觀環境，對未來很難做出合理的預測，必定會浪費時間地走很多彎路。

這不是危言聳聽喔！當妳的虛榮被膨脹，孤單被膨脹，時間和成就卻不會。如果妳還不從中覺醒的話，妳會變得越來越不認識自己！

剛認識她的時候，她不過是大公司裡一個普普通通，甚至很不起眼的小職員，但是她待人謙遜、親切，加上她溫柔的外在，爲她贏得了不少朋友，得到了不少人的幫助。

然而，自從她升任公司的主管後，一切都變了。

有一次，一個朋友到她公司找她，見到她後，一激動就直呼其小名，她馬上不高興，一臉嚴肅地對朋友說要叫她X主管。朋友一聽楞了一下，立刻轉身要走。她急忙拉住，解釋說自己剛升任主管，要在下屬面前有點威信，朋友那樣叫她，讓她在下屬面前很沒面子。朋友深深地看了她一眼，

說了聲「嗯」，就頭也不回地走了。

更鬱悶的是，聚會的時候請她比請老佛爺還難，每次也是經過別人一而再再而三的邀請後，才賞光似地來一次。來了之後，高傲地坐在一旁，不是說公司總裁如何如何器重她，就是說這個月她的業績如何如何的好，或者就批判身邊的朋友怎麼不思進取，語重心長地告訴他們都要向她學習……讓人聽了煩不勝煩，漸漸地大家誰也不願意找她了。剛開始她還覺得這樣挺好，終於不用和這些沒成就、沒地位的人混在一起了，不會影響到自己的光輝形象了。

但是，她的形象沒光輝多久就不光輝了。原來，因爲她的自我膨脹，讓公司裡很多人對她不滿、不信任，在工作的時候，有意無意地弄些小麻煩。原本短時間就能輕鬆搞定的事情，現在沒人幫她，她只好一個人累死累活，費時費力地解決問題，但是那麼大的公司，又怎麼是她一個人能應付得來的。不久之後她就被免職了。

妳是否也一樣呢？如果身邊的人開始疏遠妳，不幫助妳、不信任妳了，妳眞的要好好反省反省自己，懂得把自我膨脹掃地出門。

謙虛拒絕「膨脹門」

一個人取得點成就和進步並不難，只要用心做事，謙遜做人就能做到，然而說起來容易，做起來可就不容易了！

一、要深刻明白謙虛、真誠是為人處事的根本，無論是對朋友、同事還是家人、老闆，切不可讓自己忘記了這一點；

二、時刻警示自己，特別是當自己取得一些成就的時候，可以用一些名言警句貼在自己隨處可見的地方，或找到自己特別佩服的一個成功人士，用他的一些美德來激勵自己不驕傲自滿，或請最好的、最值得信任的朋友來監督妳；

三、留意身邊朋友、同事對妳的態度。自我膨脹的人一定是不受歡迎的人，當妳身邊的人表現出對妳的厭煩、輕視、無語的時候，就是在給妳發出信號，這時妳就要開始反省了；

四、懂得調整自己的心態。雖然處在不同的位置，但依然要有一個平常的心態，就是「平常心」，經常對自己說這一切都是正常的，沒什麼可值得驕傲，慢慢地就可以把心態放平，正常、正確地對待身邊的人和事了；

五、不忘了自己的追求。無論取得多大的成就，不要忘了自己的追求，這樣不僅可以避免不必要的自我膨脹，還可以激勵自己更進一步。

精神的清高是時間的補養劑

「天啊，這款車眞是漂亮，要是我能有一輛的話，就算死也值得了。」

「哇，那房子，如果是我得，我眞的就美死了，一生足矣。」

「我要名牌，我要名車，我要高級宴會，我要……」

……

這個世界好東西太多了，可是擁有這些好東西的人始終是少數，很多女人只能面對著那些好東西望洋興嘆，沒辦法，這個世界什麼都不缺，就缺公平。然而，太多女人不明白其中的道理，她們面對著這些誘惑，總要千方百計去爭取，不擇手段地搶奪，最後感嘆，這些年，我耗費了那麼多時間，到底在幹什麼，我得到了什麼？

爲什麼就不能讓自己的精神清高些，正確地對待身邊的物質。我們哭著來到這個世界，難道就因爲這些慾望毀壞到幸福的生活，再哭著回去嗎？

剛認識她的時候，覺得她漂亮、聰明、能幹、目標明確，一定會很有作爲的。沒想到有一天，她居然淚流滿面地來找我。原來，她遇見了前男友正甜蜜地和另外一個女人親親熱熱地在一起，看著他們甜蜜的樣子，她才明白自己是多麼地愛那個男人。

她和她的前男友，大學相戀了四年。畢業那年，因爲男友是鄉下的窮小子，不能帶她去聽一場

音樂會、不能帶她去旅遊、也喝不起一杯一百元的咖啡……和男友在一起，他只會和她說如何掙錢、省錢，帶她擠公車、吃路邊的小攤，在菜市場裡討價還價，連偶爾喝一杯咖啡都不能淡定……這樣的生活，讓她心生恐懼，於是毅然決然地和男友分手了。

如今，爲了她所謂的富裕生活，在社會上摸爬滾打，像勤懇的蜜蜂一樣工作，可是沒想到今天和男友的突然偶遇，就好像一顆炸彈，猛然敲醒了自己。她想，如果當初不去追求那些空中樓閣，現在他臂彎裡那個幸福的女人一定是自己，如今也不用爲了自己不喜歡的工作花費那麼多的時間，生命定然還有其他的精彩，我不僅可以收穫一份愛情，而且可以收穫經歷。我不會像如今這樣全部的生活被違心的事物塡滿，沒有時間做自己想做的事情，看自己想看的風景。

生活沒有如果，現在的她能明白這一點，也許不晚，她還可以調整自己的心態，讓自己獲得眞正幸福的。

對物質清高吧

女人，想要活得出色，就要看透物質，懂得對物質清高，到底如何做到呢？

一、要理性地看待物質，對物質的追求要有一個合理的價值取向，慾望不要太強烈，賠掉自己所有的時間，這樣就背離了自己生活的意義了；

二、有理想。女作家丁玲說過：「一個有理想的人無論在任何逆境中都能不斷地充實自己和豐富自己。」有理想的人不會被現實的物質誘惑，他們知道自己的目標所在，只為自己的理想奮鬥；

三、用學習或與一些不是很重物質的高人接觸交談，或不斷地提醒自己要充實自己的精神領域，在精神上獲得極大的滿足和享受時，才能真正體會到活著的意義，真正明白自己的時間到底該如何分配；

四、關心周圍的人和事。這會讓自己對生命的看法大大改觀。擁有一顆博愛的心和淡定的心境，能夠更好地對待物質，對待自己寶貴的時間。

國家圖書館出版品預行編目資料

女人，上班這檔事／張麗君著.
——第一版——臺北市：宇河文化出版；
紅螞蟻圖書發行，2012.12
面；公分——(Wisdom books ;11)
ISBN 978-957-659-922-4（平裝）

1.時間管理 2.生活指導

177.2 101024355

Wisdom books 11

女人，上班這檔事

作　　者／張麗君
美術構成／陳鵬全
校　　對／楊安妮、賴依蓮、朱慧蒨
總 編 輯／何南輝
發 行 人／賴秀珍
榮譽總監／張錦基
出　　版／宇河文化出版有限公司
發　　行／紅螞蟻圖書有限公司
地　　址／台北市內湖區舊宗路二段121巷19號（紅螞蟻資訊大樓）
網　　站／www.e-redant.com
郵撥帳號／1604621-1　紅螞蟻圖書有限公司
電　　話／(02)2795-3656（代表號）
傳　　真／(02)2795-4100
登 記 證／局版北市業字第1446號
法律顧問／許晏賓律師
印 刷 廠／卡樂彩色製版印刷有限公司
出版日期／2012年 12 月　第一版第一刷

定價 240 元　港幣 80 元

ISBN 978-957-659-922-4 Printed in Taiwan